CONFESSIONS D'UNE TAUPE À PÔLE EMPLOI

GAËL GUISELIN
AUDE ROSSIGNEUX

CONFESSIONS D'UNE TAUPE À PÔLE EMPLOI

calmann-lévy

ISBN 978-2-7021-4084-0

À Héloïse
À Malito

AVERTISSEMENT

Les noms des personnes citées ont été modifiés pour préserver l'anonymat des témoins.
Les situations décrites dans ce livre sont authentiques.

INTRODUCTION

Décontractée, la voix posée, le visage allongé et pâle d'un clown triste, elle me prévient d'emblée : « Je viens parce que j'y suis obligée, mais je sais très bien que vous ne me trouverez pas de boulot. » Bienvenue dans le monde merveilleux des chômeurs. Voilà la première phrase que j'aie entendue avec ma première chômeuse. C'était il y a sept ans. Aujourd'hui les populations qui défilent dans les agences sont davantage fragilisées et encore plus désabusées. La crise existe, nous la rencontrons tous les jours. Et les gens n'ont plus rien à perdre quand ils comprennent qu'on leur refuse même le droit de travailler. Plus rien à perdre, ça signifie parfois s'autoriser des actes désespérés. Les agressions se multiplient. Insultes, menaces, gestes brusques, cris… et violence physique. Parfois contre le matériel. D'autres fois contre les conseillers. Chacun sait qu'un jour ou l'autre il peut « s'en manger une ». Et tout le monde le redoute. Mais personne ne s'y attend jamais. L'agressivité est quotidienne. Bien malin qui peut prédire quand cela va dégénérer. En 2009, quand un gaillard très nerveux s'est présenté à l'accueil en nous traitant de nuls, je n'ai rien vu arriver. À l'origine de son ire, un bug administratif. Au final, un bureau renversé, le mien ; et un poing dans la figure, la mienne. Pendant mes deux semaines d'arrêt de travail, devant les agents en émoi, la directrice d'antenne a déclaré : « Il va falloir vous y habituer, ça sera de plus en plus fréquent, ça va faire partie du métier. »

Je ne suis pas le seul à avoir subi une agression et je m'en tire finalement plutôt bien. À Parthenay, dans les Deux-Sèvres, un collègue agressé a, lui, tenté de se suicider après l'incident. Pôle emploi connaît l'ampleur du problème. La montée du « stress au guichet », tel que pudiquement dénommé par la hiérarchie, s'est traduite dans les huit premiers mois de 2009 par 63 agressions physiques et 2 093 agressions verbales reconnues. Et encore, je ne vous parle ici que de celles concédées par la direction.

Un dispositif a été élaboré : « fiches d'agression », cours sur les difficultés à l'accueil (ou comment conserver son calme), conventions avec des sociétés spécialisées dans l'aide psychologique des personnels bancaires après un hold-up… ces fameuses cellules de soutien que l'on s'empresse de dépêcher au moindre ongle incarné, histoire de ne surtout pas régler le problème de fond. Et après ? Prochaine étape ? Des cours d'autodéfense ? Une distribution gracieuse de Taser ou de gilets pare-balles ?

En attendant les jours meilleurs des antennes blindées, j'ai testé la ligne de soutien psychologique pour les agents de Pôle emploi. Depuis la fusion entre l'ANPE et les Assédic, ce service nous est vanté comme l'outil essentiel de prévention des risques psychosociaux. Alors quand, à mon tour, j'ai été tabassé, j'ai décroché mon téléphone.

« Bonjour, je vous appelle parce que j'ai été victime hier d'une agression physique sur mon lieu de travail, et je souhaite en parler avec vous.

– Monsieur, nous sommes là pour parler de la fusion, pour en discuter avec les agents qui sont déstabilisés. L'agression physique n'est pas de notre ressort. »

Circulez, y a rien à voir. Ni à entendre.

Et pourtant les conseillers Pôle emploi ont beaucoup à dire. Je veux témoigner pour que les gens sachent. Raconter pour ne pas exploser en vol. Je suis conseiller à Pôle emploi. Sociologue de formation, à bac + 6, moi-même ancien chômeur arrivé en fin de droits, j'ai exercé mille métiers avant de passer de l'autre du côté du guichet, par hasard ou presque. Mon boulot ? Vendre de faux espoirs à des gens qui n'en veulent plus. Les chômeurs consultent aujourd'hui nos offres avec autant de conviction que leur horoscope. L'amusement et l'optimisme en moins.

Depuis la naissance de Pôle emploi en janvier 2009, la situation s'est encore dégradée. Au moment du PACS entre l'ANPE et les Assédic, la ministre de l'Économie, de l'Industrie et de l'Emploi, Christine Lagarde, s'était engagée à ce qu'aucun conseiller ne traite plus de 60 dossiers à la fois. À l'heure où j'écris ces lignes, chacun d'entre nous en a en moyenne 130 sur les bras, moi 198. Dans certains bassins d'emplois sinistrés le chiffre dépasse les 350 demandeurs d'emploi par agent. Le malaise est grandissant. Nous nous sommes plusieurs fois mis en grève. Beaucoup d'entre nous sont épuisés, débordés. Il y a eu des suicides. L'emploi va mal, Pôle emploi ne se porte pas tellement mieux. Nous avons tous le sentiment que les réformes compliquent la situation, comme si, en période d'épidémie, on mettait des bâtons dans les roues du système de santé. On a regroupé à la va-vite le placement – ANPE – et l'indemnisation – Assédic – en jurant la main sur le cœur que tout s'arrangerait. Ce n'est pas vrai, loin s'en faut.

À l'origine de ce livre, il y avait l'idée d'écrire une sorte de guide de survie du demandeur d'emploi en temps de crise. Car ma mission de conseiller ne s'arrête pas à la sortie de l'agence. Nous sommes sans cesse interpellés, parfois dans des lieux insolites, au supermarché, entre deux cageots de bananes et le stand fruits secs, à un dîner chez des amis où l'on nous apostrophe : « J'ai raté mon rendez-vous, comment je fais ? ». Au baptême d'un neveu : « Si je démissionne j'ai droit à quoi ? ». À la sortie de l'école où un père me hèle : « Un de mes employés vient de me lâcher, vous n'auriez pas quelqu'un ? »

Au départ, donc, l'envie d'expliquer, de donner des conseils. Mais, à l'arrivée, le besoin de témoigner. Témoigner pour que les gens comprennent qu'un conseiller est lui-même bien souvent un ancien demandeur d'emploi. De ma période de chômage, je garde le souvenir de la peur qui me tenaillait le ventre lorsque je me rendais à un entretien, lorsque je me disais : « Et si je n'avais pas fait ce qu'il fallait ? Et si pour une raison quelconque on me coupe mes indemnités ? Et si on me propose un travail que je ne souhaite pas ? Et si, et si, et si… » Écrire pour que l'on sache que, quand nous parlons de demandeurs d'emploi, nous savons de quoi il retourne. Nous parlons de nous-mêmes, d'un voisin, d'un cousin, de notre compagne, ou d'un de nos parents.

Écrire pour rappeler que la précarité, nous aussi la connaissons. Et que, lorsqu'un demandeur en entretien s'exclame « Ah non, cette annonce, ça ne va pas aller ! Vous avez vu le salaire ? Vous travailleriez, vous, pour une somme pareille ? », la réponse est oui. Avec un bac + 6, et sept ans d'ancienneté, je touche 1 370 € net par mois.

Après plusieurs grèves et un malaise qui a fait la une des journaux, la direction nous a soumis en novembre 2009 un questionnaire dont les résultats ont pour objectif d'aider à améliorer nos conditions de travail. Rendus publics début janvier 2010, ils sont édifiants : 71,2 % des agents qui ont accepté de répondre affirment se trouver dans une « situation de travail tendue » ; 86 % du personnel parle d'une « dégradation » des conditions de travail ; près de 89 % estiment n'avoir pas été préparés à la fusion et seuls 33 % pensent pouvoir trouver un soutien auprès de leur supérieur en cas de problème.

Raconter, parce que, comme beaucoup d'agents, je n'en peux plus de cette tentation de jeter Pôle emploi avec l'eau du bain de la fusion. Parce que j'en ai marre que des employeurs s'imaginent qu'« en

France les gens ne veulent pas bosser » et que « les smicards préfèrent rester au chômage ». Parce que ce n'est plus possible d'entendre dire que si Pôle emploi va mal c'est seulement « la faute à la crise ».

1

LE MALAISE

Où les agents ne savent plus où donner de la tête

Les psys parlent de « *burn out* ». À Pôle emploi on dit juste « au bout du rouleau ». Les agents ont perdu leurs repères. Nicolas Sarkozy lui-même l'a reconnu. Dans un demi-sourire, en septembre, il déclarait : « Imaginez ce que je leur ai fait subir. D'abord un changement de métier. Parce que celui qui indemnisait a dû apprendre à placer, et celui qui plaçait a dû apprendre à indemniser. Pas simple*. » Non, pas simple, monsieur le président. Et pas très drôle.

Au moment de la fusion, j'ai vu l'effectif des conseillers de l'indemnisation passer de six à un en l'espace de trois semaines sur mon lieu de travail. La directrice a changé d'agence, déboulonnée par

* Table ronde sur le soutien à l'activité et à l'emploi à Caligny (Orne), le jeudi 3 septembre 2009.

la refonte de l'encadrement qui veut limiter à un seul le nombre de responsables par site. Un par un, les agents de l'indemnisation ont été mis en arrêt maladie. Fatigués de recevoir à la chaîne les chômeurs pour les inscriptions, épuisés de gérer les demandes Internet, incapables de liquider les dossiers…

Depuis notre PACS, les agents gèrent des centaines d'inscriptions en souffrance et des retards qui atteignent plus de deux mois sur les indemnisations. À l'automne 2009, ici et là, des conseillers traitaient encore les dossiers de demandeurs dont le contrat de travail s'était terminé le 1er juillet. Un temps pendant lequel les gens guettent tous les jours leur compte, dans l'attente du virement. Car, derrière la pile d'imprimés en tout genre, des familles attendent, et les chiffres ne poussent pas à l'optimisme débridé. D'après la direction, près d'un conseiller de Pôle emploi sur cinq gère 130 dossiers. Le SNU (le Syndicat national unitaire, le plus puissant à l'époque de l'ANPE) conteste ces chiffres. Il avance celui de « 170 à 200 demandeurs en moyenne » par agent. Petit rappel en passant, l'objectif affiché par le gouvernement pour justifier cette réforme tournait autour de 30 à 60 maximum.

Entre l'été et l'automne 2009, les sites de l'indemnisation ont dû fermer leurs portes au public pendant plusieurs jours pour écluser des dossiers dans des délais convenables. Des collègues ont réussi le tour de force de liquider en vingt-quatre heures tout leur stock et de traiter 76 dossiers (saisir les fiches de paie, les dates des contrats, analyser les motifs de fin de contrat, calculer le montant et la durée des droits). La joie du directeur ! Il est entré fièrement le soir dans la salle de repos, a tapé dans ses grandes mains, et s'est exclamé, triomphant comme Napoléon au soir d'Austerlitz : « On est crevés, mais on a mis une bonne claque aux dossiers d'inscription en retard ! » C'était avant d'aller relever le courrier dans la boîte aux lettres : 88 nouveaux dossiers. Douché, hagard, passé en dix minutes d'Austerlitz à Waterloo, il a immédiatement envoyé un e-mail à la direction régionale. « À la suite de la fermeture pour raison de traitement administratif ce jour, je vous annonce que nous avons quasiment épuisé le stock des dossiers en instance de traitement. En effet, 76 dossiers ont été traités. Toutefois j'ai le regret de vous signaler que nous avons reçu ce même jour 88 nouveaux dossiers. Je vous demande donc expressément de l'aide pour le traitement de ceux-ci et requiers une nouvelle fois l'autorisation d'une fermeture administrative*. » Trois jours plus tard, le directeur est sorti de son bureau en pleurs. Une semaine d'arrêt.

Où les agents craquent

Elle est sur le parking, enfermée dans sa voiture. L'autoradio grésille un tube inaudible et trop fort. Elle pleure. L'agence a ouvert depuis vingt minutes, mais Marie-Anne n'arrive pas à en franchir le seuil. « C'est trop dur. » Pourtant, contrairement à l'immense majorité d'entre nous, elle a choisi l'ANPE puis Pôle emploi par vocation. Onze ans d'agence et de foi. Elle, grande blonde si distinguée, toujours coquette, ne parvient pas à regagner son poste de travail. Un petit coup sur le carreau de son monospace. Elle baisse la vitre en pleurant de plus belle. Elle ne se sent pas à la hauteur, tétanisée par la journée qui l'attend. « J'ai

* Laurent Wauquiez annonce cependant que « la moyenne des dossiers en instance de traitement est d'un jour et demi. Il n'y a plus de retard, alors que la charge de travail a augmenté de 25 % ». « Toutes les offres devront être pourvues », propos recueillis par Catherine Gasté-Peclers, *Le Parisien*, 19 janvier 2010.

trop de demandeurs. Résultat : je suis en retard sur les convocations, j'ai des échéances dépassées et plus aucune place ce mois-ci pour convoquer. Je ne sais plus à qui envoyer les demandes de formation. Et en plus on n'a aucune offre à leur proposer, on passe notre temps à berner nos concitoyens en promettant qu'on va régler leurs problèmes ! On a fait de moi une menteuse. »

Le mois dernier, c'est notre animateur qui a craqué, en public, après quinze ans d'agence. Lui, le jeune papa quadragénaire qui porte encore les rondeurs de sa couvade, a occupé tous les postes, y compris celui de directeur d'agence, avant de demander à se frotter de nouveau au terrain. Lui, qui a fait un détour par l'armée et qu'on pensait inébranlable. Ce jour-là, il se lance dans la longue litanie des retards sur notre calendrier. Il s'essuie le front, montre des signes de fatigue, et fond soudainement en larmes en balbutiant des excuses. Fin de la réunion. Une semaine plus tard la directrice adjointe présente une note de service. Elle s'arrête au beau milieu de l'explication, cherche ses mots, et quitte la salle en pleurant. Fin de la réunion.

Dans les antennes, chacun roule des mécaniques façon « même pas mal », mais guette du coin de l'œil le moment où le voisin va flancher. À Saint-Quentin, un matin de mars 2009, le premier arrivé a trouvé un mot sur la porte d'un bureau proche du sien : « N'entrez pas, prévenez la police. » Derrière, un pendu. À Lille, un autre s'est tailladé les veines devant son responsable. Tout le monde pense au suicide, pas forcément au sien. Plutôt à celui que l'on redoute chez ce collègue un peu pâle et fébrile, chez cet autre bien trop joyeux pour être honnête ou, pire, chez celui pour lequel on n'aurait rien soupçonné.

La direction reconnaît un suicide et cinq tentatives sur le lieu de travail, les syndicats contestent ces chiffres et rappellent que d'autres salariés se sont donné la mort ou ont tenté de le faire, mais pas sur leur lieu de travail*. Les absences pour maladie au premier semestre 2009 ont doublé dans plusieurs agences. Le cabinet d'expertise Technologia (qui se pencha un temps sur le malaise à France Télécom), chargé de l'enquête diligentée en septembre 2009 à la demande du comité d'hygiène et de sécurité (CHSCT) de Poitou-Charentes, a rendu un rapport qui a fait le tour des agences. Il relève sur le premier

* Selon *Le Monde*, « durant le seul mois de décembre, cinq tentatives de suicide ont eu lieu sur le lieu de travail, trois en Île-de-France et deux en Provence-Alpes-Côte-d'Azur ». Rémi Barroux, « Pôle emploi face au malaise de ses agents », *Le Monde,* 5 janvier 2010.

semestre un bond de 70 % des arrêts maladie, qui concernent aujourd'hui plus de deux agents sur trois. Tout augmente.

Où les e-mails deviennent tracts

Pendant presque deux semaines, nous avons tous surveillé notre messagerie avec avidité et un sourire aux lèvres. Il s'y passait des choses étonnantes. Au départ, Christian Charpy, le patron de Pôle emploi, avait envoyé un e-mail groupé à tous les ex-agents ANPE au sujet de la mise en place d'une mutuelle obligatoire. Rien de très passionnant. Pas de quoi soulever les foules en tout cas. Oui mais voilà. Comme pour tous les messages collectifs, si les destinataires ne sont pas masqués, il suffit de cliquer sur « Répondre à tous », pour que tout le monde reçoive un nouvel e-mail. Ce fut un déchaînement incroyable. Tout le monde s'est servi de la messagerie interne pour discuter de la fusion, donner des avis, échanger des expériences à travers toutes les agences de la France entière. Une véritable assemblée générale électronique, avec son habituel lot de boudeurs qui renvoyaient des messages rageurs : « Il y en a qui bossent, merci ! » E-mail qui provoquait en retour une avalanche de boomerangs ironiques : « C'est vrai, quoi, arrêtez d'empêcher les autres de travailler », ou des protestations plus argumentées. La chaîne a fini par mourir après que le service informatique a limité la possibilité d'envoyer des messages collectifs. Mais pendant deux semaines, chacun a pu exprimer son ras-le-bol. Nous avons pu juger de l'étendue du malaise… et de la détermination de nos collègues.

Où les agents colmatent les fuites et chassent les rats

Pour les chômeurs, Pôle emploi ne mène souvent à rien. Pour les agents qui y travaillent, au contraire, il mène à tout. Y compris aux tâches les plus improbables. La plomberie de fortune, par exemple. Dans cette succursale de la région parisienne, régulièrement inondée, le premier arrivé passe la serpillière devant la photocopieuse et les ordinateurs puis vérifie que les revues n'ont pas été mouillées. Dans son sillage, les autres vident et replacent au bon endroit les récipients chargés de recueillir les gouttes tombant du plafond. Pendant la journée, les enfants de nos « clients », c'est comme ça que nous sommes désormais priés de les appeler, jouent dans les flaques, s'essaient au surf sur lino humide, ou se lavent les mains dans les seaux. Bienvenue à l'Aqualand du pauvre. Ça sent le renfermé et la vieille cave, les grands crus en moins. Mais impossible d'aérer des pièces aveugles. À vingt-huit dans un espace si réduit que l'on a dû placer un bureau juste à la sortie des toilettes (bureau rebaptisé « de la dame pipi » sur lequel les collègues déposent régulièrement une coupelle avec des pièces), ces gouttes d'eau font déborder le vase.

Mais ces vingt-huit conseillers ont connu mieux. Ou pire. Selon l'humeur du moment. Au commencement, ce furent quelques documents grignotés dans le local des archives. Puis d'autres. Carrément rongés, ceux-là. Il y eut aussi les grattements suspects derrière les cloisons, et de fortes odeurs dans le faux plafond. Et, enfin, le hurlement d'une demandeuse d'emploi, tentant d'escalader un bureau par la face nord. L'agence hébergeait une colonie de gros rats hyperactifs.

Évidemment alertée, la direction n'a pas levé le petit doigt. Et de dératisation il ne fut jamais question… jusqu'au jour où, ameutés par les cris stridents de chômeurs qui attendaient dans le hall, la moitié des agents ont quitté leur poste de travail, bondissant comme un seul homme, pour prendre un rongeur en chasse. Dans une cohue improbable, munie de chaises, de balais et de chemises cartonnées, l'armée de Pôle emploi a fini par coincer le rat entre une porte et un mur. « Bloquez-le, ne le lâchez pas : je le prends en photo avec mon portable ! » Cette scène, immortalisée sous les yeux incrédules des personnes dans la file d'attente, a fini par convaincre la hiérarchie de dépêcher sur place une entreprise d'assainissement. Après son passage, et pendant quelques semaines, les agents ont régulièrement ramassé les cadavres des rats, et assisté recueillis à quelques agonies, tout en intervenant auprès des enfants qui jouaient avec les boîtes de poison.

Où chacun cherche son bureau

On appelle ça la « transhumance ». C'est le terme officiel. À Pôle emploi, personne n'a de bureau fixe. Premier arrivé, premier servi. Les agents doivent rester mobiles. Pas d'espace personnalisé, ni photos de vacances en famille, ni colliers de nouilles. Nicolas Sarkozy a enfoncé le clou en septembre dernier quand il s'est moqué des « fonctionnaires qui aimaient travailler dans des petits bureaux avec des affiches de la Polynésie pour rêver* ». Reçu cinq sur cinq : vous n'êtes pas là pour rigoler. Dans son infinie mansuétude, Pôle emploi a attribué des casiers nominatifs ou

* Table ronde sur le soutien à l'activité et à l'emploi à Caligny (Orne), le jeudi 3 septembre 2009.

des étagères. Effets personnels et dossiers en cours y sont rangés. Les documents de travail se baladent ainsi chaque jour. Et souvent se perdent.

L'espace de travail est une denrée rare. « Patientez, je cherche un bureau » : la formule a supplanté le traditionnel « Bonjour, asseyez-vous ». Et aux agents nomades il faut ajouter les SDF. Face à la pénurie de postes, certaines agences ont mis en place un système de réservation. À Paris, l'une d'elles met à la disposition des conseillers un tableau Excel dans lequel chacun inscrit ses horaires et le numéro du bureau désiré. Certes la méthode ne comble pas le manque, mais elle permet à chacun de savoir quel jour il devra se passer de téléphone, de bureau et d'ordinateur…

Il arrive aux agents de prendre leurs affaires et de s'installer dans la cuisine du personnel pour mitonner leurs dossiers ou assaisonner un malheureux demandeur d'emploi sur un coin de table lorsque, rendez-vous ou pas, aucun bureau n'est libre. Au fil du temps, certains agents ont fini par virer du tableau la réservation d'un autre, à leur profit… dans ces cas-là, la seule parade c'est la capture d'écran, unique preuve tangible d'une démarche antérieure. La confiance règne.

« Patientez, je cherche un bureau. » Quand on prononce cette phrase, cela signifie qu'il faut d'abord négocier avec un collègue pour qu'il cède brièvement son espace de travail, en jonglant avec ses propres convocations.

Prendre son service avec quelques minutes d'avance augmente – pour les petits futés – les chances de trouver une place et de choisir le bureau sur lequel on aura le plaisir de travailler. Au fil de la matinée, on aperçoit l'un piquer un sprint avec ses classeurs, un autre transporter ses documents en transpirant comme un bœuf. Certains stratèges de l'occupation spatiale élaborent des techniques. Voire des ruses. Depuis quelques mois, c'est en partant le soir que le conseiller avisé marque son territoire afin de s'assurer de trouver le lendemain la place qui lui conviendra. Il suffit d'attendre sagement le départ de celui qui occupe le poste convoité pour y déposer l'ensemble de ses affaires avant de lever le camp. Arriver le premier, partir le dernier. Tant pis pour les 35 heures. Les chaises musicales se jouent en douce. Et malheur à celui qui ne goûte guère les pinailleries de cour d'école. « J'avais posé ma trousse et mon classeur sur le bureau ! J'ai plein de rendez-vous, toi t'en as pas, alors laisse-moi ton bureau. » Ambiance. L'analyse des plannings d'entretiens par des cabinets d'expertises montre que, dans certains pôles, le manque de bureau correspond à dix demi-journées de travail par quinzaine.

Si futile puisse-t-elle paraître, la question des bureaux est un point d'achoppement important, notamment depuis la fusion. Avant le regroupement, l'immense majorité des « Assédic » possédait son propre bureau. Ils l'avaient personnalisé et rendu plus opérationnel et plus chaleureux. Le cadeau de fête des mères pendouillait aux branches du ficus et souriait à la photo du ski. Les archives étaient classées, les formulaires à portée de main. Les ex-Assédic ont perçu l'arrivée des ex-ANPE comme une menace pour leur espace vital. La mise en place des guichets dits « uniques » consiste en fait essentiellement pour les conseillers ANPE en la délocalisation de leurs entretiens d'inscription dans les agences Assédic… où rien n'est prévu pour les accueillir. Or, les agents, en raison de la nature particulière de leur travail, ont besoin d'un cadre qui leur permette d'assurer l'ensemble de leurs activités dans le calme et la discrétion pour garantir une forme de confidentialité au demandeur d'emploi.

Dans le premier guichet unique de France – c'est-à-dire l'agence pilote regroupant au même endroit l'indemnisation (Assédic) et le placement (ANPE) –, ouvert il y a près de quatre ans, la direction régionale a installé sur le parking un bâtiment préfabriqué de chantier pour abriter les salariés en manque de place. La photo a circulé sur nos messageries. Le raccordement électrique entre l'Algeco et le bâtiment principal est assuré par un câble qui passe sur le toit, au-dessus de la gouttière, et pend dans le vide. La grande salle de réunion a été transformée en salle d'entretiens. Les agents y reçoivent désormais les chômeurs, au milieu de panneaux mobiles qui divisent la pièce en plusieurs espaces. Coquet. La confidentialité des discussions tient du vœu pieux. Entre deux rendez-vous, les conseillers peuvent se parler à voix basse d'un « bureau » à l'autre. Enfin, les installations électriques et informatiques, même au bout de quatre ans, ont gardé un côté fantaisiste. Se prendre les pieds dans les câbles qui traînent par terre et entraîner un ordinateur dans sa chute n'est plus le privilège des grands blonds avec des chaussures noires. Sans parler de ce jour où plusieurs écrans sont subitement et simultanément devenus noirs grâce aux doigts de fée d'un enfant qui avait tout débranché dans la pièce adjacente.

À force de pousser les murs, les conseillers obtiennent parfois des aménagements. Plus ou moins heureux. Dans une agence devenue trop petite pour accueillir toujours plus de monde, des travaux ont été entrepris afin de poser des cloisons mobiles destinées à créer de petites cellules de quatre mètres carrés. Les locaux n'ont pas fermé, malgré le fait que les deux tiers de l'espace étaient bâchés et envahis par la poussière. Pendant toute la durée des nuisances, le bruit des perceuses a garanti la confidentialité totale des entretiens. Les agents, eux-mêmes, n'entendaient rien.

2

LA FUSION

Où la fusion tient à bien peu de choses (mais à beaucoup d'argent)

1er janvier 2009. Le grand jour. Pôle emploi remplace l'ANPE et les Assédic. Il est né le divin enfant. Et dans notre agence, la venue au monde de ce miracle d'ingéniosité se traduit par la mise en place bringuebalante d'un gros totem en carton aux couleurs du nouveau logo que nous découvrons à notre retour de réveillon. C'est tout. Derrière, on retrouve les guichets d'antan : le placement et l'indemnisation. À l'heure de la fermeture ce jour-là, nous étions quelques-uns à entreprendre une sorte de danse de guerre autour de ce gros cylindre de carton en espérant un miracle, des nouveaux locaux, des nouveaux bureaux, des outils qui fonctionnent. En vain.

Débuta ensuite la chasse aux anciens logos. Comme on brûle les photos d'un amour déçu mais encore trop présent, les agents ont envoyé à la déchetterie des palettes entières de papiers aux armoiries de l'ANPE ou des Assédic. Tout doit disparaître : badges, tampons, autocollants, affiches, formulaires… Et tant pis si les nouveaux outils de travail ne sont pas encore arrivés. Certains d'entre eux étaient même toujours attendus un an après la fusion. Dans sa grande bonté, Pôle emploi a fini, pour son premier anniversaire, par octroyer à chaque agent un tampon. Jusque-là, nous nous partagions pour une agence deux précieux objets, conservés comme une sainte relique dans le bureau de la directrice.

Où l'on baptise le Pôle

Pôle emploi, le nom à lui seul fait naître dans notre cortex les rêves les plus fous ! Surtout lorsque l'on sait combien de cerveaux surpayés ont planché sur le sujet. Dans la presse*, nous lisons qu'il aura fallu près de neuf mois pour trouver un patronyme au fruit des amours du placement et de l'indemnisation.

Dès le mois de juillet 2008, l'appellation « Pôle emploi » avait été suggérée par l'agence Nomen,

* *Le Canard enchaîné*, 15 octobre 2008.

chargée de la recherche d'une nouvelle dénomination. Trop sérieux pour Bercy, qui avait balayé la proposition d'un revers de manche. Deux mois plus tard, nouvelle tentative : Noe, « Nouvelle organisation pour l'emploi ». Cette fois le ministère exulte de joie et bondit comme un cabri… mais Nicolas Sarkozy refuse net : « Noe, c'est le déluge. » Badaboum. Le président confie alors la mission « Trouvons un nom aux machins des chômeurs » à Pierre Giacometti, ex-sondeur d'Ipsos, et désormais éminence grise intermittente au Château. L'audacieux « Giaco » souffle une idée décoiffante : « Agence pour l'emploi ». Un vrai vent de folie. La suite, et la fin, nous la connaissons. Et l'addition aussi : pour un demi-million d'euros environ, Pôle emploi a trouvé son nom.

À cette bagatelle s'ajoute la même coquette somme de 500 000 € pour le logo*. Indispensable, bien sûr, ce « e » rond et tricolore qui ressemble au Pac-Man des jeux vidéo de notre enfance.

Essentielle aussi, sans doute, la contribution d'une boîte de conseil chargée de concocter le nouvel organigramme de Pôle emploi. Une structure qui nous apparaît comme totalement à côté de la plaque, décalée. Non seulement la génération spontanée de six

* Geoffrey Roux de Bézieux a lui-même donné ce montant le 10 mars 2009 sur Europe 1 dans l'émission de Jean-Pierre Elkabbach.

directeurs généraux adjoints, trente et un directeurs, treize sous-directeurs, et quatre-vingt-onze chefs de département (entre autres) donne à l'ensemble une méchante allure d'armée mexicaine, mais la terminologie utilisée n'a en outre plus rien à voir avec la conception initiale de notre métier.

Moi qui viens de l'ANPE, donc du service public, je tombe à la renverse quand je lis dans le journal que le cabinet McKinsey et Accenture proposent une « direction marketing », une « direction clients », prévoient un département « Pilotage et performance », ou « Maîtrise du risque »* ! Beaucoup d'agents du placement se montrent désorientés. D'autant que ces titres pompeux, que l'on s'attend plutôt à lire dans l'organigramme d'une multinationale, ne s'accompagnent même pas de directions spécifiquement dédiées aux femmes, aux jeunes ou aux seniors… bref, aux publics en difficulté, ceux qui nous intéressent. Tout semble guidé par la perspective du profit. RIP, service public. Et, pour couronner le tout, cet organigramme vient alourdir la douloureuse : 8 millions d'euros pour cette seule opération de dépoussiérage institutionnel. Le chômage n'est pas perdu pour tout le monde.

* *Le Canard enchaîné*, 4 mars 2009.

Où la fusion peut rapporter gros

Une vraie claque. C'était tellement énorme, tellement grossier même, que nous avons eu peine à le croire. Alors que notre direction nous avait, dans son infinie mansuétude, accordé à tous une grasse prime de 300 €, nous découvrons quelques jours après la naissance officielle de Pôle emploi que Christian Charpy a vu ses revenus croître de 45 000 € par an. Notre grand timonier passe de ses ascétiques 230 000 € annuels à un salaire un peu plus digne de 275 000 €*. Pour manger, dormir au chaud, et rester propre. Une augmentation de 20 %, rien que ça. Le corps de l'ANPE est encore chaud et son ancien directeur, déjà recasé à la tête de la nouvelle organisation, festoie. À n'en pas douter, ce type de pratique managériale est assez peu recommandé dans les manuels du type *Apaiser le climat social pour les nuls.*

La levée de boucliers, d'ailleurs, est telle que notre bon directeur se voit dans l'obligation de se justifier. D'abord il explique qu'il n'a rien demandé (faux, le ministre du Budget Éric Woerth a reçu une note de Bercy qui l'informait des desiderata de Charpy) ;

* *Le Canard enchaîné*, 7 janvier 2009.

ensuite son entourage justifie ces dodus émoluments en jurant que passer de 30 000 à 45 000 agents va tout changer ; enfin, l'intéressé lui-même tente de faire pleurer dans les chaumières en rappelant qu'il n'a pas été augmenté depuis 2005*. À ce tableau émouvant ne manquait plus qu'il écrase une larme furtive au coin de son œil humide. Las ! Ses plaidoiries ne l'emportent pas : le conseiller social de Sarkozy à l'Élysée, Raymond Soubie, fait savoir qu'en temps de crise une telle augmentation est malvenue. Et voilà Charpy revenu à son statut de travailleur pauvre.

Où on avance et on recule

Le 10 décembre 2009, j'entends des cris de joie en salle de pause. Quand j'arrive l'air ahuri on m'apprend que le tribunal de grande instance de Bobigny a jugé que Pôle emploi n'avait ni informé ni consulté suffisamment les syndicats au sujet de la mise en place des sites mixtes. L'administration a été condamnée. Elle doit fournir, sous peine d'astreintes financières, les pièces nécessaires à l'information. Conséquence immédiate de ce jugement : l'ouverture

* *Ibid.*

de plusieurs dizaines de sites en Île-de-France a été gelée*.

Cette nouvelle ouvre une brèche dans le dispositif, et, surtout, elle nous conforte dans l'idée que nous ne souffrons pas du syndrome du Schtroumpf Grognon ni de mauvais esprit chronique. La fusion a bel et bien été conçue à la va-vite, sans concertation ni réelle implication des premiers concernés. Notre malaise n'est pas le fruit d'une sclérose idéologique qui nous rendrait rétifs à toute forme d'évolution.

Où les agences ferment quand le chômage augmente

Les demandeurs d'emploi souffrent aussi de cette fusion à la va-vite. Marie, par exemple, avait rendez-vous pour son premier entretien. Jeune diplômée de nouveau chômeuse après un premier CDD de neuf mois, elle appelle le 39 49 le jour de sa convocation, complètement paniquée. « Je ne pourrai pas être à l'heure. Je dois faire plus de soixante kilomètres pour venir jusque chez vous, je ne comprends pas. J'habite

* Pôle emploi aurait décidé de faire appel. Voir l'article « Le TGI de Bobigny suspend le déploiement des sites mixtes en France », http://www.lafusionpourlesnuls.com/article-tgi-40930574.html, 10 décembre 2009.

à quatre kilomètres de l'agence où j'allais avant et je m'y suis rendue machinalement, mais à vélo ! Je n'ai pas prévu de voiture. » Depuis la plateforme téléphonique, je consulte son dossier, et constate qu'en effet Marie habite à proximité d'une ANPE... qui n'est pas mixte. On l'envoie donc, fusion oblige, voir ailleurs l'herbe forcément plus verte de Pôle emploi.

L'ANPE comptait 1 150 sites, les Assédic 650 agences. L'objectif affiché par le gouvernement pour la fin de l'année 2009 était de 950 sites mixtes. À l'origine, la convention signée entre l'État et les partenaires sociaux promettait entre 1 000 et 1 200 lieux mixtes. On réduit la voilure. Et pourtant les économies ne seront peut-être pas si mirobolantes : dans beaucoup d'endroits, les Assédic ont revendu leurs locaux au profit des constructions ex nihilo d'immenses agences, souvent éloignées du centre-ville. Indispensable, sûrement.

Où l'on apprend sur le tas

Avant la fusion, un conseiller Assédic recevait neuf mois de formation, dans un centre adapté à cet apprentissage. Ex-agent du placement, donc ANPE, j'ai eu l'honneur et l'avantage de faire partie des premières charrettes de formation sur les métiers de l'indemnisation. Trois jours. Trois petites journées dites « d'information ». Idem pour mes collègues Assédic. Mieux, une fois (in)formé, et puisque pionniers en la matière, il leur a été demandé de superviser et d'encadrer la mise en place d'un outil informatique de formation. Le *« e-learning »*. Un nom anglais ça a plus de gueule, même s'il s'agit d'une vaste plaisanterie. Car pour tout *« learning »*, ils ont simplement rassemblé à six reprises quelques collègues dans une pièce pour qu'ils visionnent six clips vidéo d'une heure. Au total donc, six heures, six clips thématiques censés balayer le métier de conseiller dans son ensemble. Nous sommes bien au-delà de la formation accélérée. Plutôt entrés de plain-pied dans l'exaltation de la médiocrité et l'incompétence organisée.

3

LA MACHINE À RADIER

« Évitez le mot “radiation”. Parlez plutôt de “désinscription”, ça sonne moins négatif. » Nous aussi, nous avons notre politiquement correct. Lors de notre formation, nous avons été briefés. Et les consignes sont assez claires : il faut radier, mais en douce.

En interne, même, le mot est malvenu. Comme le patient orienté en oncologie plutôt qu'en cancérologie, on préfère la terminologie technique. Quand un chômeur reçoit un avis de radiation c'est une « GL2 » (GL pour « gestion de liste »), que viendra confirmer une GL3. Pas taboue la radiation, mais presque.

Où l'on découvre les « radiateurs »

Une bonne antenne de Pôle emploi, pour la direction, c'est une antenne qui radie, qui élague, qui coupe à la hache. Nous aussi, comme les Tontons flingueurs, on disperse façon puzzle. Entre nous, nous nous surnommons « les radiateurs ». En principe la « gestion de liste » – inscrire un demandeur, le classer dans une catégorie selon ses compétences et attentes, ou encore le désinscrire – constitue notre mission principale. Mais dans les faits, il faut avoir le courage de le dire, plus le taux de radiation est élevé, meilleure sera la réputation de l'agence.

Chaque mois, le comité de pilotage départemental épluche les résultats des différents pôles, avec les yeux braqués sur une catégorie bien précise de chômeurs : les A. Nos clients sont soigneusement rangés dans des cases (A, B, C, D, E), et seuls les A (ceux qui n'ont pas déclaré la moindre heure de travail, la moindre formation, le moindre arrêt maladie) apparaissent dans les statistiques mensuelles du chômage. Le thermomètre qui donne des cauchemars à Sarkozy. Pour prouver qu'il est un brillant sujet, le directeur de chaque antenne est prié de fournir des chiffres convaincants sur son taux de radiation ou de passage de la catégorie A à une autre. Rien ne se compte avec tant d'attention, car en fait rien d'autre ne compte. Bruyantes félicitations et tapes viriles dans le dos garanties pour qui annonce un bon 20 % de radiations. En revanche, celui qui affiche un petit 5 % ne récoltera que froncements de sourcils soupçonneux et soupirs navrés. Forcément, s'il ose afficher un pourcentage pareil, c'est qu'il y met de la mauvaise volonté. Les cancres et autres piètres gestionnaires de liste seront enjoints de mettre en place des « actions correctives ». Peut-être un jour, convoqués par Darcos, porteront-ils un bonnet d'âne, comme ces préfets qui énervent Hortefeux avec leurs mauvaises statistiques sur l'insécurité.

Évidemment, pour l'heure en tout cas, nos chefs ne sont pas aussi rustiques que le ministre de l'Intérieur. Il ne s'agit pas pour eux de revenir à l'agence et de convoquer le médiocre radiateur sur le thème « Eh, coco, tu radies mieux que ça ou ça va chauffer pour ton matricule ! ». On suggérera plutôt d'une voix presque suave : « Es-tu sûr que dans ton portefeuille il n'y a pas du tri à faire, des gens qui travaillent, d'autres à envoyer en formation ? » Avant de nous asséner : « Regarde, Éric avait 200 demandeurs en début de mois et maintenant il ne lui en reste plus que 160. Tu peux faire pareil ! Tu as trop de monde dans ton portefeuille, c'est ça aussi qui te surcharge... » Conseil d'ami.

Pour éviter les états d'âme, l'agent ne radie pas personnellement. Pas bourreau, juste assistant. Il met en place les démarches qui peuvent entraîner une radiation. Comment ? En multipliant les mesures « radiogènes ». La panoplie à disposition est variée. On peut convoquer davantage en espérant que le demandeur ne viendra pas (et paf : avis de radiation) ; lui proposer plus d'offres d'emploi, de préférence hors champ de compétence ou d'intérêt de façon à ce qu'il les refuse (et vlan : avis de radiation) ; ou encore l'inscrire à des formations ou à des ateliers qui le feront habilement sortir de la liste A et basculer dans une catégorie de demandeurs moins visible et moins sensible (et pouf : évaporé).

Le chômeur est collé au mur et mis en joue. Ce ne sont pas les munitions qui manquent. Le suivi mensuel personnalisé, en place depuis 2006 et censé aider le demandeur paumé, fournit douze occasions de radiation par an. Un vrai bonheur. Douze convocations, douze rendez-vous obligatoires fixés par Pôle emploi. Six fois plus qu'avant. Celui qui sèche reçoit un avis de radiation. C'est automatique. La mesure, du coup, échappe totalement aux agents qui perdent la main sur le dossier. Car, en cas de réception du fameux GL2, le demandeur est dirigé vers le directeur de l'agence qui décidera, ou non, de l'achever.

Fliqués, les agents le sont aussi tous les mois par la direction locale. Chaque fois on me repose les mêmes questions : Ai-je bien convoqué mes 200 clients ?

Pourquoi ai-je pris du retard ? Ai-je bien vu la liste de ceux qui doivent encore venir pointer et les échéances à respecter ? L'objectif est d'abord quantitatif. Le qualitatif est en option. Un demandeur ne doit pas rester plus de soixante jours sans proposition ou rendez-vous. Pas d'atelier prescrit ? Pas de convocation ? Pas d'offre d'emploi, même déraisonnable ?

Le pire est que ce flicage en amène un autre, encore plus pervers : celui qui s'exerce entre collègues. Car le respect scrupuleux de la politique maison entre en ligne de compte pour le calcul des primes collectives attribuées aux conseillers d'une agence. Personne n'emploiera le terme de « prime à la radiation » – pas de gros mots surtout –, mais nous savons tous que les mesures que nous mettons en place peuvent se traduire par des radiations. Et nous savons que c'est la bonne application de ces mesures qui détermine le montant de la prime.

Et gare à tous ceux, nombreux, qui ne jouent pas le jeu. Le conseiller rebelle ou sentimental risque admonestations, remontrances ou avertissements. Montré du doigt par ses responsables, il voit peu à peu les dossiers intéressants lui échapper, et ses possibilités de gravir les échelons s'éloigner. Sa place dans l'équipe devient moins confortable. Honte au bras cassé, celui qui plombe les chiffres et dévalue la prime collective d'intéressement sur les résultats de prescriptions ! Et, au fond, qui peut reprocher à un agent de compter sur ses 800 € brut (maximum) de prime en fin de semestre ? D'autant que rien n'est plus facile que d'évaluer la cadence de radiation des petits camarades : un logiciel mis à notre disposition photographie en temps réel le travail de chacun de nous. On peut donc fliquer le portefeuille de demandeurs d'emploi de son voisin, et rappeler ce dernier à ses devoirs.

Où la caporale fait du zèle

« On n'est pas bons sur les radiations ! Maintenant, on n'excuse plus rien et on radie… quitte ensuite à revenir dessus via une inscription rétroactive. » La directrice de ce site parisien où j'ai travaillé quelques mois le nierait la tête sur le billot, mais elle a bien des objectifs de « désinscription ». Connue pour ses tailleurs ringards, sa poignée de main crispée et son taux de radiation, surnommée « la caporale » par son équipe, elle a bâti la réputation de son agence. En bout de chaîne, en cas de recours du demandeur après un avis de radiation automatique, la balle est dans le camp du responsable de l'antenne. C'est lui qui tranche. Et ce que beaucoup tolèrent ou laissent filer par simple humanité, elle ne l'accepte pas. L'agence « Capo », les employés préposés à la plateforme téléphonique la repèrent au ton des demandeurs radiés. Trois, quatre, parfois cinq appels dans la même matinée. Ça radie à tout-va. Aucune excuse n'est admise. Ni la gastro du petit dernier, ni l'enterrement du grand-père, ni la jambe dans le plâtre. En clair, pas de quartier pour les chômeurs, pas de chômeurs dans nos quartiers. Avec au bout du fil des conseillers complètement impuissants, dans l'incapacité totale de revenir sur l'oukase d'une directrice aux dents longues.

Où l'on radie en tir groupé

J'ai encore en mémoire cette scène. Pourtant on en voit défiler, des gens, mais ce cas-là m'a vraiment marqué. On a vu arriver cette femme, petite, aussi ronde que souriante, visiblement de bonne humeur. Elle venait pour son fils qui n'avait pas pu se déplacer, s'est-elle tout de suite excusée, confiante. Dans sa main une « GL2 », l'arme de radiation massive, le courrier par lequel le client est informé de sa « désinscription » imminente. Une erreur sans doute, osa-t-elle. On reprochait à son fiston une absence à un entretien. Or, a-t-elle expliqué les yeux brillants de fierté maternelle, c'est tout simplement parce qu'il a trouvé un travail pour quatre mois. Sa mission avait déjà commencé lorsqu'il a reçu la convocation. Et d'insister, décidément sereine. Bien sûr, il a appelé la plateforme téléphonique du 39 49 où on lui a demandé de renvoyer le double de son contrat pour annuler son entretien. Bien sûr, il s'est exécuté. Après consultation de son dossier et vérification de la réception du contrat de travail et des justificatifs, tout paraît en ordre. D'ailleurs, sollicitée, la secrétaire du service administratif a confirmé : « Ah oui, je me souviens, c'est moi qui ai ouvert son enveloppe avec son contrat de travail et qui ai procédé à sa radiation. » Radiation ? La mère ne comprend pas. Et les motifs plus que légitimes pour son absence ? « Il travaille, alors je l'ai radié », insiste ma collègue zélée. Dans la mesure où cet homme n'avait qu'un contrat de quatre mois, elle aurait pu se contenter de le placer dans une autre catégorie et de le maintenir inscrit de façon à ce qu'il ne soit pas obligé de reprendre toutes les démarches à zéro à la fin de sa mission. Sauf que changer de catégorie c'est bien, mais radier, c'est beaucoup mieux. C'était trop tentant. Pourquoi louper une occasion de se faire bien voir ? À l'accueil, la maman avait perdu de sa superbe et secouait la tête, incrédule. Mais ce n'est pas fini. Toujours aimable, elle a eu la mauvaise idée de s'informer au passage de son propre dossier. « J'ai été souffrante, je vous ai envoyé un arrêt maladie, vous l'avez bien reçu ? » a-t-elle demandé. Vérification faite, l'arrêt avait bien été enregistré. Et ma petite dame radiée. La durée de son arrêt ne le justifiait pas puisqu'il était inférieur à quinze jours, délai au-delà duquel on peut envisager la radiation en refilant le bébé à l'Assurance-maladie. Je n'ai pas osé lui demander si un autre membre de sa famille était inscrit dans notre agence. J'avais trop peur de lui apprendre que nous avions également désinscrit son mari, son cousin Gaston, son oncle Tom et sa cousine Bette.

Où le 39 49 mange la commission

Dans le genre, voilà une manip' qui n'est pas mal non plus. J'ai vu le cas plusieurs fois. Xavier a reçu une lettre qui le convoque à son « suivi mensuel personnalisé », son SMP. Oui mais voilà, ce jour-là il a rendez-vous pour un boulot. Avis de radiation automatique ? Non. En théorie, du moins. Car nos courriers précisent que, si le demandeur est dans l'impossibilité de se présenter, il peut (et doit) prévenir Pôle emploi pour éviter toute sanction. Xavier s'exécute. Ainsi le conseiller saura qu'il n'a pas à s'inquiéter de cette absence et qu'aucun compte rendu du rendez-vous n'est attendu par le système informatique qui gère automatiquement les SMP. Car Big Brother se montre intraitable : convocation égale entretien, entretien égale document saisi par l'agent et déposé sur le serveur de l'antenne dans les quarante-huit heures… sous peine de GL2. Ce système pourrait fonctionner à merveille, mais à Pôle emploi, la plateforme téléphonique mange les messages.

Quand j'ai reçu Xavier, je lui ai fourni une lettre type de contestation et il a pu obtenir gain de cause. Mais, tous les mois, chaque agent reçoit la visite ou le courrier d'au moins quatre ou cinq chômeurs étonnés, dépités ou indignés, radiés alors qu'ils avaient prévenu le 39 49. C'est toujours ça de pris pour les statistiques.

Où le 39 49 parle dans le vide

Nathalie garde sa fille. Maxime se fait arracher une dent. Agnès travaille. Tous trois ont rendez-vous pour leur SMP. Tous trois ont prévenu de leur absence. Et le 39 49 a bien transmis le message au conseiller qui doit les recevoir et qui est… malade.

Bien sûr, ce jour-là, un autre agent hérite des rendez-vous de son collègue souffrant. Mais les excuses de Nathalie, de Maxime et d'Agnès n'ont été envoyées que sur la messagerie du conseiller de référence. Le remplaçant n'en a pas eu vent. Avis de radiation.

4

TOUS FRAUDEURS ?

Où Pôle emploi compte bizarrement

Tous les mois, nous engageons des paris sur les statistiques du chômage. Il faut dire que ces chiffres qui donnent des insomnies à Sarkozy et à Wauquiez nous font doucement rigoler. Non pas que la situation nous amuse. Au contraire. Ce qui chaque fois déclenche l'hilarité générale, c'est la façon dont les chiffres sont tronqués. Pour ne pas dire truqués. Les statistiques de l'emploi en France ? Une vaste blague ! Une phrase, attribuée tantôt à Mark Twain, tantôt à Benjamin Disraeli, Premier ministre britannique du XIXe siècle, affirme qu'« il y a trois sortes de mensonges : les petits mensonges, les sacrés mensonges et les statistiques ». Pour ce qui concerne Pôle emploi, on peut y ajouter une déclaration de Churchill : « Je ne crois aux statistiques que lorsque je les ai moi-même falsifiées. »

En fait, notre comptabilité se divise en plusieurs catégories, cinq en tout – A, B, C, D, et E –, définies ainsi par nos textes internes :

« Catégorie A : Demandeurs d'emploi inscrits à Pôle emploi, tenus de faire des actes positifs de recherche d'emploi, sans emploi.

« Catégorie B : Demandeurs d'emploi inscrits à Pôle emploi, tenus de faire des actes positifs de recherche d'emploi, ayant exercé une activité réduite courte.

« Catégorie C : Demandeurs d'emploi inscrits à Pôle emploi, tenus de faire des actes positifs de recherche d'emploi, ayant exercé une activité réduite longue.

« Catégorie D : Demandeurs d'emploi inscrits à Pôle emploi, non tenus de faire des actes positifs de recherche d'emploi pour diverses raisons (stage, formation, maladie, etc.), sans emploi.

« Catégorie E : Demandeurs d'emploi inscrits à Pôle emploi, non tenus de faire des actes positifs de recherche d'emploi, en emploi (par exemple : bénéficiaires de contrats aidés)*. »

Or seuls les chômeurs de classe A apparaissent dans les statistiques. En somme, une femme de

* Voir le texte reproduit dans son intégralité au chapitre 7.

ménage qui repasse du linge une heure par semaine n'est pas chômeuse. Pas plus que le chauffeur-livreur intérimaire qui aura assuré quelques courses dans le mois pour atteindre un vague mi-temps. Ces gens-là ne comptent pas. Ils ne se comptent pas.

Prenons l'exemple du mois d'octobre 2009. Les chiffres publiés recensaient 2 686 584 demandeurs dans la seule catégorie A. En admettant qu'on laisse de côté les bénéficiaires d'emplois aidés, les stagiaires et les demandeurs en arrêt maladie ou en formation (les catégories D et E) et que l'on conserve les catégories B et C pour quand même tenir compte de notre femme de ménage, et de notre chauffeur-livreur, le chômage atteint 3 883 509 de nos concitoyens… métropolitains. Car si l'on ajoute Guadeloupe, Martinique, Guyane et Réunion – départements étrangement exclus des statistiques nationales, ce qui assurément leur ira droit au cœur – nous voilà tout à coup avec 4 117 283 clients qui se bousculent au portillon, d'après les chiffres du tableau disponible sur l'Intranet de mon agence. Tout augmente. Et encore, bien des RMIstes ne prennent plus la peine de rester inscrits, et d'autres demandeurs découragés tournent le dos à Pôle emploi.

Bien sûr, quand Benoît Hamon, porte-parole du PS, a traité Christian Charpy, le directeur de Pôle emploi, de « canaille » et l'a accusé de « tordre les statistiques », le grand manitou du chômage lui a rétorqué que les statistiques concernant toutes les catégories sont publiées dans les communiqués de presse de Pôle emploi. Néanmoins, il s'est ensuite raccroché aux branches du Bureau international du travail (BIT) pour justifier qu'on n'en parle pas : « La notion de chômage telle qu'elle est prise en compte par le BIT, c'est : "est considéré comme chômeur quelqu'un qui n'a pas d'emploi, qui en recherche un, et qui n'a pas du tout travaillé dans le mois". » Et tant pis si le BIT se fiche comme de l'an 40 des intérimaires en tout genre

Où chaque demandeur est présumé coupable

Les textes internes à Pôle emploi le disent poliment mais le message reste le même : haro sur les fraudeurs. Et mieux vaut suspecter trop que pas assez. « La prévention des fraudes est un enjeu d'importance dans le cadre de la gestion des allocations. [...] Cela nécessite d'effectuer des contrôles avant de procéder à l'inscription du demandeur d'emploi et au calcul du dossier, mais aussi de les effectuer dans le cadre de la gestion du compte client. [...] Il convient tout particulièrement de s'assurer de la fiabilité et de la cohérence des informations et des documents fournis. » En d'autres termes, il convient de fliquer le demandeur qui, c'est bien connu, essaie de se faire du gras sur le dos de l'État tout en restant chez lui à regarder la télévision les doigts de pied en éventail.

Entendons-nous bien : il n'est pas question ici de défendre la fraude quelle qu'elle soit. Il s'agit simplement de rétablir la vérité. En sept ans, j'ai reçu des gens plus ou moins confiants, plus ou moins détendus, plus ou moins souriants, mais j'en ai vu bien plus serrer les dents, pleurer, s'inquiéter pour leur avenir et leurs enfants. Je n'ai jamais croisé personne qui se satisfasse de sa condition de chômeur. Entendre quiconque qualifier « mes » clients de profiteurs ou de tricheurs est proprement insupportable.

Où prouver sa bonne foi mène à tout

Une petite tête de hamster. C'est d'abord ça que j'ai remarqué. De bonnes joues rondes, et un visage qui aurait pu être espiègle s'il n'avait été déformé par la colère. Le jeune homme s'approche de mon bureau. Sa main gauche tient une feuille. La droite, tendue devant lui, paume vers le ciel, lui donne l'air de quêter. Il plaque son papier sur ma table et, de son autre main, laisse délicatement glisser deux dents. Des molaires, pour être tout à fait précis. « On m'a arraché ça ! Voilà pourquoi je ne suis pas venu à mon rendez-vous. Ça vous suffit, ou vous voulez inspecter l'intérieur ? » Sans attendre ma réponse, le voilà qui ouvre une bouche immense en prenant soin de m'assurer une vue imprenable sur ses amygdales et sur deux trous foncés en bas de sa mâchoire gonflée, preuves irréfutables de récentes extractions dentaires.

Deux semaines auparavant, c'est une dame très élégante qui a déboulé comme une furie dans l'agence en exigeant de parler à une collègue femme. Impossible à cette heure-là. Aucune n'était disponible. Les lèvres d'abord pincées, elle se met soudain à parler très fort et très vite, sous le regard médusé de l'assistance : « Très bien. Alors tant pis pour vous. Voilà : quand j'ai mes règles j'ai des migraines horribles. Horri-bles. Vous ne savez pas ce que c'est, vous vous en foutez et vous avez raison. Mais moi, ces jours-là, je reste dans le noir et vous pourrez me convoquer autant que vous voulez, m'envoyer toutes les menaces de la terre, je ne sortirai pas de ma maison pendant cette période. Vous pouvez en tenir compte ou c'est audessus de vos compétences ? »

Puisque l'on part du principe qu'ils mentent, les demandeurs d'emploi éprouvent un sentiment d'injustice qui les rend dingues, et nous avec. Poussés à bout, blessés de se voir traités comme des truands, ils en viennent à des comportements absurdes. Mais comment en vouloir à cette jeune veuve de quitter l'entretien blême de rage parce qu'on lui demande une nouvelle fois le certificat de décès de son époux ? Et que répondre à cet homme lessivé par une heure et demie de transports en commun qui vous propose de feuilleter l'album des photos de l'incendie qui a ravagé sa voiture neuve, celle pour laquelle il s'était endetté, et qu'il utilisait pour ses recherches d'emploi ?

Où le système orchestre la suspicion permanente

Le rôle du conseiller est de trouver un job à ses demandeurs. Il lance donc des requêtes en direction des entreprises pour dénicher l'offre d'emploi correspondant au profil de son client. Grâce à notre outil de recherche, nous croisons deux bases de données différentes : l'une contient les informations concernant le chômeur, l'autre les offres en cours. Jusqu'en janvier 2009, le système était assez simple : nous soumettions des propositions (quand nous en avions) au demandeur et nous mettions en relation le candidat et l'éventuel embaucheur. À eux, ensuite, de faire affaire ou non. Cela ne nous regardait plus.

Depuis janvier 2009, les demandeurs ont dû se plier à de nouvelles règles, et nous avec. Nous sommes passés sous le régime de l'« offre raisonnable d'emploi », l'ORE. Un système coercitif et culpabilisant. L'idée est simple comme la peur : le refus, sans motif légitime, de deux offres raisonnables d'emploi peut entraîner la radiation et la suppression des allocations chômage pendant une période d'au moins deux mois.

Une ORE est définie comme telle par la loi :

« Au-delà des trois premiers mois de chômage, le demandeur d'emploi ne pourra pas refuser un emploi compatible avec ses qualifications, rémunéré à 95 % du salaire antérieur et situé dans la zone géographique de sa recherche ;

« au-delà de six mois de recherche, le demandeur d'emploi s'engage à ne pas refuser un emploi répondant à ses qualifications, rémunéré à 80 % du salaire antérieur et situé à 30 kilomètres de son domicile ou à une heure de transports en commun ;

« après un an sans emploi, une offre sera considérée comme raisonnable si l'emploi proposé est rémunéré à un salaire supérieur à l'allocation-chômage avec les mêmes dispositions sur la distance entre le lieu de travail et le domicile et le temps de transport. »

L'offre raisonnable a manifestement ses raisons que la raison ignore.

Problème récurrent : les conditions géographiques. Pas plus de trente kilomètres de distance. Mais de quelle distance parle-t-on exactement ? À Royan, un client s'est vu proposer un job dans le Médoc, de l'autre côté de l'estuaire, parce que le logiciel mis à disposition des conseillers de Pôle emploi calcule les trajets à vol d'oiseau. Le désir de travailler, c'est bien connu, donne des ailes.

Autre angoisse pour nos clients, le gouffre inouï entre l'offre reçue et ce qu'exige réellement l'employeur : les diplômes, l'expérience, un permis de conduire particulier, etc. Notre logiciel ne permet pas de notifier tous ces « détails »... et, compte tenu de l'importance de prouver la suractivité de l'agence, les mises en relation s'enchaînent – il faut l'avouer – souvent à n'importe quel prix.

À la fin du processus de recrutement, chaque agent fait le point sur tous les dossiers avec l'employeur. Si le client s'est présenté, le patron racontera comment, avec quelle motivation, s'il a déclaré qu'il préférait rester au chômage, s'il a critiqué la distance et le salaire... C'est uniquement sur la base des déclarations du chef d'entreprise qu'une procédure pourra être mise en route à l'encontre du demandeur. L'ORE a ceci de pervers qu'elle reste assez vague. Le manque d'enthousiasme manifeste d'un demandeur d'emploi peut s'interpréter comme un refus de l'offre, passible de sanctions. Souriez, vous êtes filmés.

Où la lampe à UV ne sert pas seulement à bronzer

Non seulement les demandeurs sont suspects d'être de faux chômeurs, mais ceux qui ont le malheur d'afficher une mine un peu trop bronzée sont carrément présumés détenteurs de faux papiers. Ce que le ministère de l'Intérieur ne peut pas vérifier, nous nous en chargeons. Avec un processus extrêmement précis et laborieux. La fiche dite de « Transmission d'une pièce d'identité douteuse » comporte un certain nombre de points à contrôler. D'abord à l'œil nu. Pour les cartes d'identité « ancien modèle », voilà les détails à examiner : « Le numéro fiscal ne comporte jamais les lettres I, M, O, P, Q, W », « Filigrane en transparence », « Un cachet humide ou sec sur la photo et non derrière la photo ». Pour les nouveaux modèles : « Format arrondi (angles) », « Sigle RF embossé sur les bords », « Sigle RF imprimé en encre à optique variable qui déborde sur le plastique », « En transparence : deux têtes de Marianne ».

Nous voilà bombardés spécialistes en faux et usage de faux. Une liste similaire pour la carte de résident nous enjoint d'en vérifier « l'encre iridescente de couleur rose changeante selon la lumière », « la souplesse du plastique du document », « les trois trous microperforés entourés de bleu » ou, pour les modèles récents, les « bords arrondis », le « gaufrage », « l'hologramme sur le visage » et le « fil de sécurité ». Quant au passeport, à nous d'en dénicher les éventuelles copies grossières.

Dans sa grande sagesse, Pôle emploi a carrément prévu des lampes à UV, histoire de parfaire le contrôle quasi policier des documents présentés par nos clients. Aux vérifications « à l'œil nu » s'ajoute désormais le passage sous la lumière bleutée. En tout, ce sont quarante-sept points que les agents doivent examiner de près pour remplir leur « fiche de transmission d'une pièce d'identité douteuse ». Une perte de temps inouïe qui n'a rien à voir avec notre mission. Et d'ailleurs les agents ne s'y sont pas trompés. À peine les lampes à UV furent-elles déballées dans les agences, les collègues ont très largement décidé de les boycotter. Pas question de devenir des supplétifs de la police de l'air et des frontières, merci bien. Pour nous, la lampe à UV sert à fabriquer des mélanomes, pas des clandestins. Ce sont donc les bureaux des directeurs de site qui accueillent ces drôles d'objets et les responsables eux-mêmes qui ramassent sporadiquement les pièces d'identité des clients. Et en cas de suspicion de faux ? La procédure est simple : un fax au service des fraudes ; et la consigne claire : pas un mot au présumé sans-papiers. Les surprises, c'est tellement plus marrant.

Où les patrons jouent à cache-cache

Mon téléphone sonne. Un employeur au bout du fil. Il vient d'embaucher le client d'une de mes collègues. « Ça ne va pas le faire. Il ne va pas assez vite. Je vais être obligé de m'en séparer », m'explique-t-il. Je connais ce demandeur, il est au chômage depuis un moment et en souffre terriblement. Son couple tangue. Pas tellement le genre à rechigner. Je pousse un tantinet le patron dans ses retranchements. N'y a-t-il pas d'autre solution ? Ne peut-on pas attendre un peu ? Réponse : « Moi, je ne le garde que si vous me proposez un contrat aidé. » En d'autres termes, si ça lui coûte moins cher et si l'État prend en charge une partie des frais. D'un signe de sémaphore, j'avise la collègue qui gère habituellement ce dossier et place le combiné en mode silencieux pendant que le chef d'entreprise patiente et que je résume notre discussion. Ma camarade de bureau, soufflée d'indignation, m'arrache le téléphone et reprend la conversation : « Dites-moi, je ne comprends pas très bien. En fait, vous pensez que, si on vous établit un contrat aidé, votre employé travaillera mieux et plus vite, c'est ça ? » Silence puis dénégations outrées, qui ne suffiront hélas pas à sauver notre client.

Des exemples comme ça, chaque conseiller peut en citer des dizaines. Les contrats aidés ont transformé l'ANPE puis Pôle emploi en foire aux bestiaux. Les patrons appellent pour savoir à quelle « ristourne » – c'est le terme que nombre d'entre eux utilisent – ils auront droit en fonction de telle ou telle embauche. Phrases entendues : « Si je prends un chômeur de longue durée de plus de 50 ans, j'ai droit à quoi ? » ; « Et avec un handicapé, j'ai pas une réduction supplémentaire ? » ; « Bon, mais alors j'embauche quoi pour être totalement exonéré ? » (oui, il a bien dit « quoi », et pas « qui ») ; « Et si je vous en prends deux ? ». Combien de fois me suis-je mordu la langue pour ne pas répondre : « Mais bien sûr, et je vous fais un paquet cadeau ou c'est pour licencier tout de suite ? »

Autre jackpot pour les entreprises, elles ont la possibilité de gagner de l'argent en embauchant. Voilà une des astuces que le conseiller, en bon VRP de l'emploi, doit vendre aux employeurs lors de ses VE, les « visites entreprises ». Un terme élégant pour « tournée des popotes ». La plupart des boîtes se passent volontiers de Pôle emploi, il faut par conséquent prospecter auprès d'elles pour conquérir… des parts de marché. Après avoir ciblé les sociétés susceptibles de recruter, me voilà en route. Avec mon véhicule, et à mes frais. Dans ma précédente agence, nous avions chacun un quota minimal de dix VE par mois.

Je pars donc en balade commerciale, besace remplie de documents élogieux sur nos actions, nos services. Je vends mes produits : du demandeur garanti pas cher, avec promotion sur les contrats aidés. J'arrive parfois avec les CV de certains clients. J'ai auparavant soigneusement étudié les avantages auxquels ils donnent droit et qui vont me permettre de brader du salarié. De fait, je participe à la déréglementation du marché, je casse les prix.

La palme de la bonne affaire est indiscutablement attribuée à « l'évaluation en milieu de travail », l'EMT. Il fallait y penser. De même qu'un acheteur veut tester la marchandise avant d'investir, on considère que l'employeur peut souhaiter éprouver les compétences d'une éventuelle recrue. Pôle emploi lui propose donc d'en juger par lui-même en mettant à sa disposition un demandeur d'emploi pendant dix jours. Aucun coût pour l'entreprise, elle ne verse pas de rémunération au chômeur, qui continue de percevoir ses prestations. Mieux, l'entreprise est rémunérée : environ 2 € par heure pendant la durée de l'EMT. Pour quatre-vingts heures maximum, l'employeur touchera jusqu'à 160 € en bout de course. Il n'y a pas de petit profit. Cette période terminée, le supposé embaucheur peut évidemment décider d'en rester là. Le candidat, lui, aura travaillé pour le même prix que son chômage, dans les mêmes conditions matérielles que ses très provisoires collègues, et souvent engagé des frais de garde d'enfants, de transports ou de restauration.

De son côté, le chef d'entreprise toujours à la recherche de main-d'œuvre pourra récidiver et proposer de nouveau à un chômeur de travailler plus, pour ne rien gagner. C'est ainsi que certains emplois saisonniers sont pourvus grâce aux EMT. De quinzaine en quinzaine, ni vu ni connu, aux frais de Pôle emploi.

Où l'employeur réussit un tour de passe-passe rentable

Elle a d'abord commencé par m'insulter avant que j'aie pu en placer une. J'ai reconnu sa voix à la première intonation. Cette employeuse a érigé la colère téléphonique en compétition sportive. Cette fois, après m'avoir copieusement traité d'incapable (formule qui pour elle remplace le « bonjour » de rigueur chez les gens civilisés), elle consent à me dévoiler l'objet de son mécontentement.

« Je veux embaucher M. X, un jeune de moins de 26 ans, pour un CDD d'un an, en bénéficiant d'une aide aux entreprises. Mais vous êtes des gros nuls, vous ne voulez pas l'inscrire. Il a déjà eu des abrutis de chez vous au téléphone qui lui ont dit qu'ils allaient s'occuper de lui, mais chaque fois il y a un débile pour refuser de prendre un rendez-vous. Maintenant ça suffit, je viens demain et vous me signez ce contrat aidé. » Dans ce cas-là, j'essaie de me souvenir des conseils d'un collègue ancien téléacteur : sourire démesurément pour que l'agacement ne se sente pas à l'autre bout du fil. Je lui réponds, tous zygomatiques en action, que ce contrat ne pourra pas être mis en place si le jeune n'est pas inscrit et que, bien sûr, je vais me renseigner de ce pas auprès de mes petits camarades de bureau.

Renseignements pris, j'apprends qu'en fait ce jeune n'est pas du tout demandeur d'emploi mais qu'il travaille à temps plein pour une autre entreprise, et qu'en l'absence de rupture de contrat son inscription est pour l'heure impossible. La femme que j'ai eue en ligne cherchait en fait à débaucher ce jeune chez un concurrent, et lui a intimé l'ordre de démissionner de son poste, puis de s'inscrire à Pôle emploi, afin de toucher l'aide de l'État : 45 % du salaire pendant douze mois !

Je la rappelle. Et cette fois-ci sans me forcer à l'amabilité. Réponse : « Vous êtes vraiment des nuls, vous ne faites jamais rien pour nous aider ! » Elle me raccroche au nez.

Le lendemain, en consultant ma base de données, je m'aperçois qu'un de mes collègues a réussi à inscrire le jeune. Je tente d'intervenir auprès de ma responsable qui me répond : « Tu sais, nous sommes en retard sur le nombre de contrats aidés, alors on va le signer. »

Où les collectivités locales sont bien radines

Cette secrétaire de mairie appelle pour la troisième fois de la semaine et se plaint de nouveau du peu de réponses à une annonce qu'elle a déposée chez nous. Elle cherche un jeune, de niveau bac + 2, qui peut justifier d'une expérience en animation de centre de loisirs. En principe, ce type d'emploi trouve rapidement preneur. Oui mais voilà, précise-t-elle, il s'agit d'un contrat aidé qui prévoit la prise en charge de 90 % du salaire par l'État pendant un an, sur la base de vingt-quatre heures hebdomadaires. Tout s'explique. La mairie souhaite recruter de jeunes diplômés expérimentés à temps partiel uniquement. Évidemment, les candidats ne se bousculent pas au portillon pour toucher un salaire aussi bas en fin de mois.

Mon collègue tente de la rassurer :

« J'ai des candidats, madame. Mais pour un temps-plein. Rien ne vous empêche d'établir un contrat à trente-cinq heures hebdomadaires : il ne vous restera que onze heures entièrement à votre charge, sachant que nous subventionnons 90 % du reste du salaire.

– Pas question. L'aide est calculée sur une base de vingt-quatre heures par semaine, donc nous prenons le maximum. Nous ne débourserons pas un centime supplémentaire. »

Rompez.

Où Pôle emploi ne donne pas franchement l'exemple

On n'est jamais mieux servi que par soi-même. À Pôle emploi, on connaît les trucs et astuces du recruteur malin. Et on n'hésite pas à s'en servir abondamment. Ainsi, dans chaque agence, vous trouverez en moyenne trois employés aux statuts précaires, et souvent sous le régime d'un contrat aidé quelconque. Après six mois, un an (voire deux) de bons et loyaux services, ces éphémères collègues repartent s'inscrire… au chômage. Certains reviennent même chercher du boulot dans l'agence à laquelle ils ont appartenu, certains rasent les murs, d'autres rient nerveusement, aucun ne goûte la plaisanterie.

Pôle emploi n'a pas été fichu de pérenniser leur situation. Et pourtant la direction a su se tourner vers eux lorsque cela l'arrangeait.

Théoriquement affectés à des « travaux administratifs », nos travailleurs précaires écopent en fait des mêmes tâches que la plupart des agents. L'accès au réseau informatique est réservé aux seuls conseillers ? Qu'à cela ne tienne : dans son infinie mansuétude, le responsable « prêtera » son code d'accès personnel, ou celui du directeur d'agence. Et tant pis si ces « agents malgré eux », n'ont reçu aucune formation. Tant pis s'ils ignorent tout des droits des demandeurs d'emploi et si, sous l'amicale pression de leurs responsables, ils enfreignent les règles élémentaires de notre travail…

5

LE GRAND N'IMPORTE QUOI

Où l'on entre d'emblée dans la quatrième dimension

Je tiens d'un collègue la formule suivante. Un jour, à bout d'arguments devant une demandeuse, il lui lança : « Madame, vous me parlez de dysfonctionnements, mais vous êtes ici au carrefour des dysfonctionnements ! »

Cela commence dès le recrutement. Lorsque je suis arrivé, il fallait passer un concours pour intégrer l'ANPE. Mes épreuves eurent lieu en région parisienne, à Villepinte, dans un hangar, dans le froid. Des milliers de tables installées et une voix impersonnelle dans un micro qui grésille nous informant que nous sommes 7 200 candidats pour 750 postes à pourvoir. Après cet accueil chaleureux, QCM d'une centaine de questions, puis étude de cas pratique.

Quelques jours plus tard, convocation pour les épreuves orales... à l'hôtel. Assis sur une chaise droite entre le minibar et le lit, je suis passé à la question par le jury, un homme et une femme. Au menu : motivation, compétences et ce que je pense être capable d'« apporter aux clients ». Les clients ? Quels clients ? Parlons-nous des entreprises qui utilisent nos services ? Je leur pose la question. « Il s'agit des demandeurs d'emploi. Cela vous choque ? » À l'époque, je suis chômeur en fin de droits, à quelques jours du RMI. Je me sens tout sauf « client ». Je réponds timidement que je préfère le terme d'« usager » ou d'« utilisateur ». Sous mes yeux authentiquement intrigués, les deux membres du jury entament une discussion.

« C'est vrai que c'est un grand débat en ce moment, explique la dame.

– Non, c'est tranché. La direction générale nous demande d'utiliser le terme "client" », rétorque l'homme.

Mon entretien s'achève ainsi.

Un courrier m'avise rapidement que je suis retenu sur la « liste complémentaire du concours ». En d'autres termes, je peux espérer un poste si des candidats reçus renoncent. Combien ? Chut ! L'information est quasi classée secret défense. La seule chose que l'on sait : le listing des admis est établi en fonction de l'ordre alphabétique et non des notes afin, dit-on, d'éviter toute prétention des conseillers à des affectations particulières.

Je commence donc à attendre, sans savoir combien de désistements espérer. Mais, demandeur d'emploi docile, je continue parallèlement de rechercher un travail, et revois quelque temps plus tard une conseillère ANPE que j'informe des résultats du concours. Dans un chuchotement, elle me conseille d'appeler la direction régionale. J'obtempère. De but en blanc mon interlocuteur me demande de patienter en précisant qu'il part récupérer la liste des agences qui proposent un poste. Il me donne ensuite le nom et le numéro de téléphone d'un directeur d'agence. Me voilà avec une affectation. Je suis entré dans la maison. Par la porte de derrière, certes, celle du système D mais j'y suis. Je signe mon CDI dans la foulée

Où le trombone épluche des patates

L'agence dans laquelle j'ai commencé était spécialisée dans les métiers du BTP. On y recevait des demandeurs d'emploi non pas d'après leur origine géographique, mais leur objectif professionnel. Dès ma prise de fonctions une vieille blague de potache m'est revenue. Pendant mon service militaire, on racontait toujours l'histoire de l'officier qui demande à la cantonade si quelqu'un sait jouer du trombone et qui, au malheureux qui lève le doigt, répond : « Très bien, corvée de patates. » À Pôle emploi, c'est pareil. Peu importent vos qualifications, on vous affectera de préférence à un poste qui n'a rien à voir avec la choucroute.

J'ai exercé mille métiers auparavant. Travaillé avec des jeunes, dans les milieux artistiques, et même gravi les échelons d'une boîte d'informatique. J'aurais pu me rendre utile dans une antenne dédiée à ces professions, mais on ne me l'a jamais proposé.

Pendant les six mois de ma formation (au cours de laquelle alternent une semaine d'apprentissage puis deux semaines d'application en agence), je découvre que les quatorze personnes de mon groupe n'ont pas pu non plus mettre à profit leur expérience. C'est pourtant le b.a.-ba du placement, ce qu'on nous demande d'apprendre aux demandeurs : valoriser les compétences… Mieux, en discutant entre nous, je découvre qu'une collègue habite à trois cents mètres de l'agence pour laquelle je travaille, et que je vis presque en face du site où a atterri un autre des conseillers du groupe. Le placement est complètement aléatoire, y compris géographiquement. Ainsi ai-je croisé, au cours de cette formation, un informaticien affecté à une agence spécialisée dans le spectacle, dans un autre département que son domicile, et un ancien cadre de Carrefour envoyé dans une agence dédiée aux services à la personne, lui aussi dans un autre département.

Où s'inscrire relève de l'exploit

L'absurdité, nous la croisons tous les jours au guichet. Nous en sommes parfois même responsables. La faute aux consignes que l'on nous somme d'appliquer. À Pôle emploi, on ne rigole pas avec les instructions ni avec le contrôle d'identité. Ainsi, une demandeuse arrivée avec un passeport périmé de la veille est-elle refoulée sans ménagement. Elle était enceinte. Une autre, journaliste, se présente à l'accueil avec une carte d'identité certes expirée depuis un an mais aussi un extrait original d'acte de naissance, un certificat de domicile, une carte de presse, plusieurs accréditations diverses. Renvoyée dans les cordes, elle aussi. Pourtant, elle pose à ce moment-là sur le guichet bien plus que tous les documents exigés par la préfecture pour l'établissement d'une carte nationale d'identité*. Las ! Cela ne suffit pas à Pôle emploi. Bien sûr, elle proteste, mais on lui répond qu'elle peut présenter d'autres pièces. N'a-t-elle pas un passeport ? Non, phobique de l'avion, elle nc voyage pas. Une carte d'invalide civile, peut-être ? La suggestion est fort aimable, mais elle se porte comme un charme, merci pour elle. Une carte d'ancien combattant, alors ? Elle a 31 ans. Quel précieux morceau de papier pourrait prouver sa bonne foi, demande-t-elle ? Réponse : uniquement ceux-là. Et tant pis si aucun texte légal n'exige de quelque citoyen que ce soit qu'il possède une carte d'identité ou un passeport. La loi de Pôle emploi ne reconnaît pas celles de la République.

Elle les reconnaît tellement peu que Christian Charpy, notre patron, a reçu une lettre de rappel à l'ordre du ministère de la Justice et signée du directeur de l'administration pénitentiaire Claude d'Harcourt. « Dans le cadre de l'expérimentation du placement sous bracelet électronique à Béthune et Angoulême, les personnes sous écrou en aménagement de peine et sans perspective concrète d'emploi

* D'autant que l'on peut lire sur le site du ministère de l'Intérieur : « La carte nationale d'identité (CNI) permet à son titulaire de certifier de son identité, même lorsqu'elle est périmée, sous réserve, dans ce cas, que la photo soit ressemblante. »

sont souvent confrontées à un refus de la part des organismes sociaux d'instruire leurs droits à l'allocation de recherche d'emploi, [...] tant qu'elles sont sous écrou car supposées, de façon erronée, comme prises en charge matériellement par l'administration pénitentiaire et indisponibles pour rechercher un emploi et ceci, en contradiction avec une information diffusée auprès du réseau national ANPE depuis juin 2006 sur l'Intranet ANPE », explique la missive. C'est ce qui s'appelle se faire taper sur les doigts.

Où le téléphone pleure, et les papiers volent

Les dysfonctionnements, hélas, ne se cantonnent pas aux guichets. Les demandeurs qui nous appellent entrevoient aussi nos incohérences quotidiennes. Au départ pourtant, le 39 49, la plateforme téléphonique de Pôle emploi, avait pour vocation de désengorger les agences et d'apporter des informations claires aux chômeurs. Le principe est simple : après avoir saisi son numéro de département et suivi les indications d'un serveur vocal qui le dirige vers l'indemnisation ou le placement, le demandeur qui compose le 39 49 est automatiquement transféré vers le poste d'un conseiller de sa région. Cette idée initialement louable d'attribuer un numéro national unique à nos services s'est transformée en cauchemar kafkaïen tant pour les chômeurs que pour nous. Car les dossiers sont bien trop complexes pour se résumer à une touche, ou à une simple option de reconnaissance vocale. « Dites "dossier" », « Dites "inscription" », ânonne la voix nasillarde (et tant pis pour le travailleur immigré que le serveur ne « comprend » pas à cause de son accent).

Le chômeur perdu, qui pense relever de plusieurs catégories, tâtonne et atterrit là où il ne devrait pas. Un bon tiers des appels que je reçois, en tant que conseiller en placement, concernent en fait les ex-Assédic. Certes, mon clavier me permet de transférer l'appel vers le service de l'indemnisation, mais il arrive fréquemment que le serveur bugge, que la manipulation échoue, et que le demandeur qui rappelle le 39 49 tombe de nouveau sur moi. Prenez un cercle, caressez-le...

Si l'on ajoute à cela la nouvelle pratique de l'accueil en agence qui consiste à renvoyer au maximum les demandeurs d'emploi vers le téléphone, il n'est guère étonnant que les conseillers qui répondent au 39 49 passent leur temps à jouer les standardistes plutôt qu'à répondre utilement aux questions et attentes.

Un jour où j'étais affecté à la plateforme, je réponds à un homme dont la voix monotone affiche le calme de celui qui récite une phrase mille fois prononcée : « Bonjour, je souhaite entreprendre une formation en passant par Pôle emploi. » Je lui suggère de se rendre plutôt dans l'agence dont il dépend et de demander à rencontrer un conseiller. « C'est ce que j'ai fait, mais ils m'ont renvoyé sur le 39 49. » En approfondissant un peu, je m'aperçois que ce client dépend de mon site. Et qu'il appelle depuis le hall où des téléphones sont mis à disposition. « Ne bougez pas, j'arrive. » Je pousse la porte du bureau, et hèle un grand escogriffe roux : « C'est bien vous qui appelez le 39 49 ? » Les yeux ronds comme des billes et la bouche grande ouverte il souffle : « Dites donc, vous avez fait rudement vite ! » Quelques minutes plus tard, mon rouquin, enfin renseigné par un agent que je lui ai présenté, repart avec les informations qu'il cherchait. Mais il aura fallu, pour qu'il obtienne ses renseignements, qu'il fasse la queue à l'accueil, qu'il téléphone depuis un poste qui jouxte le guichet, que le serveur vocal le renvoie sur un agent situé à cinq mètres de lui, que je vienne à sa rencontre et que je le conduise à une personne compétente. Tout ça pour obtenir un formulaire.

Il y a quelques mois, je décroche et une dame se présente à l'autre bout du fil. Elle souhaite des renseignements sur une annonce pour un emploi dans son département qu'elle a pu consulter sur le site Internet www.pole-emploi.fr. Je consulte notre outil informatique qui détaille les offres régionales, mais en vain. L'annonce n'apparaît pas. En fait, le siège de la société commanditaire se situe à Paris. Seuls les agents d'Île-de-France ont accès à ces informations… même si le poste est à pourvoir en province. Cette fois-là, j'ai pu me déconnecter de l'application et entrer dans le serveur. Mais il arrive très souvent que la manipulation soit très longue et que l'ordinateur, gravement déstabilisé par cette manœuvre de haute volée, nous gratifie d'un plantage général. Merci. Et quand bien même la démarche serait-elle simple, encore faudrait-il être assuré de pouvoir déterminer la provenance de l'annonce. Il fut un temps où la lettre qui termine la référence de l'offre d'emploi nous indiquait la région d'origine. Mais les listings qui nous permettent de les déchiffrer ont depuis longtemps disparu des agences. Et jusqu'ici aucune base de données nationale ne nous a jamais été fournie. Nous n'avons même plus les moyens de décrypter nos propres codes.

Avec un peu de culot, certains audacieux pourraient tenter un couplet nostalgique sur l'air de « C'était mieux avant. Aujourd'hui tout le monde téléphone et plus personne n'écrit ». C'est peine perdue. On écrit autant. Au-delà du raisonnable, même.

Un intermittent du spectacle a reçu de nos services, le même jour, quatre lettres, toutes identiquement datées. Deux lui annonçaient qu'il ne percevrait pas d'allocation, chacune invoquant un motif différent. Les deux autres lui signifiaient qu'il serait indemnisé. La première promettait 44 € par jour pendant deux cent cinquante-trois jours, la seconde 41 € pendant quatre-vingt-douze jours*.

Qu'il s'agisse des fiches de paie, des attestations d'employeur ou autres documents indispensables aux dossiers des demandeurs, tout est délocalisé et traité par un centre administratif situé à Rennes. Et quand Lavoisier dit « Rien ne se perd », nous, agents de Pôle emploi, pouvons nous exclamer « Cet homme ment ! ». Tout se perd. Y compris, et surtout, les originaux. Soit ils s'évanouissent en route, soit ils s'égarent sur place. Mais le résultat est le même. Sans document original, pas de dossier. Sans dossier, pas d'indemnisation.

Le traitement administratif des dossiers ne dépend donc plus du tout des agences et nous en arrivons à des situations parfaitement absurdes. À l'accueil, nous renvoyons toute la journée les demandeurs d'emploi

* Ces lettres ont été publiées dans *Le Canard enchaîné* du 8 avril 2009.

vers la boîte aux lettres située à l'extérieur de l'agence. Quelle gêne, quand pour la première fois j'ai dû dire à un chômeur irrité par trente kilomètres de voiture et quarante-cinq minutes d'attente qu'il devait prendre une enveloppe, y glisser ses documents et la déposer dans la boîte aux lettres !

Bien sûr, ladite boîte est vidée de son contenu trois fois par jour par un agent qui trie scrupuleusement les courriers avant d'expédier à Rennes tout ce qui concerne l'indemnisation. Pourtant il arrive bien souvent qu'un dossier soit un tantinet complexe et que les compétences de l'indemnisation et du placement se chevauchent. Un chômeur doit parfois envoyer à un conseiller son contrat et son bulletin de salaire pour justifier son absence à un entretien s'il n'a pas pu s'y présenter parce qu'il travaillait. Mais puisque les ex-Assédic demandent les mêmes pièces, ces documents vont dans 90 % des cas se retrouver dans la pile en partance pour Rennes, alors qu'ils sont attendus comme justificatifs par le conseiller du placement afin d'éviter une radiation…

Un client pris au piège de ce système baroque nous demanda un jour : « Mais enfin, pourquoi fusionner si vous vous amusez ensuite à semer les documents aux quatre vents ? » Personne ne sut lui répondre.

Où une chatte n'y retrouverait pas ses petits

À Pôle emploi, c'est comme à la Samaritaine. On trouve de tout. Les mesures développées par chaque gouvernement, histoire de donner l'impression qu'il se décarcasse pour lutter contre le chômage, s'additionnent jusqu'au ridicule. On trouve de tout, donc, mais dans le désordre. Un peu comme si quelqu'un avait lancé une grenade dans les rayons.

Certains, pour passer le temps pendant des réunions un peu longues, s'amusaient à lister, de mémoire, les cinquante États américains. Des conseillers malins ont adapté le jeu à notre environnement. L'accueil fut triomphal et hilare. Désormais, pendant nos pauses, nous jouons à répertorier les aides à l'emploi par catégories.

Voilà quelques-unes des ficelles administratives que chaque conseiller du placement doit connaître : Ci-Rma (contrat insertion-revenu minimum d'activité), CAE (contrat d'accompagnement dans l'emploi), le contrat d'avenir, les emplois adultes-relais, les emplois tremplin dans l'environnement.

Le demandeur est jeune ? Qu'à cela ne tienne. L'agent a tout un arsenal dans sa hotte : le contrat d'apprentissage, le contrat de professionnalisation, les mesures jeunes actifs, le CIVIS (contrat d'insertion dans la vie sociale), le CIE (contrat initiative emploi) jeunes, le CAE (contrat d'accès à l'emploi) passerelle, le CAE Croissance verte, le CAE qualité de services dans les lycées, le PACTE (parcours d'accès aux carrières des trois fonctions publiques), le crédit d'impôts pour l'emploi des jeunes, la prime pour l'embauche de jeunes stagiaires en CDI, le service civil volontaire, l'aide régionale au passage du permis de conduire.

Le client est une cliente ? Jouons avec le Fonds de garantie à l'initiative des femmes (FGIF), le label Égalité, les aides à la création d'entreprise pour les femmes, le site www.femmes-emploi.fr, les actions du Centre d'information sur les droits des femmes (CIDF).

Le chômeur est handicapé ? Nous avons également ce qu'il faut : la reconnaissance RQTH (reconnaissance de la qualité de travailleur handicapé), l'obligation d'emploi en faveur des travailleurs handicapés, la prime de reclassement, les aides de l'Agefiph, l'aide à l'exercice d'une activité non salariée, la prime à l'insertion, la prime au contrat durable, la prime initiative emploi, les services des MDPH (maisons départementales des personnes handicapées), la loi Handicap et Liberté.

Et s'il faut aussi jongler avec les minima sociaux, évidemment nous connaissons l'Agepi (Aide à la garde d'enfants pour parents isolés) ou l'APRE (Aide personnalisée à la reprise d'emploi).

Cette liste n'est pas exhaustive, hélas. Il faudrait y ajouter les mesures en faveur des seniors, et toutes les directives régionales. Nul n'a jamais réussi à tout répertorier sans rien omettre (ou sans antisèche).

Il est d'ailleurs assez fréquent que les demandeurs eux-mêmes nous mettent au parfum de circulaires ou notes régionales qui nous ont échappé. Le système de communication fonctionne de façon approximative. Je me souviens avoir découvert sur l'Intranet, et à la demande d'une chômeuse, un formulaire dont personne n'avait jamais entendu parler.

Où le bug dépasse les bornes

La panique, et le fou rire nerveux. Mi-novembre 2009, j'ai trouvé sur dans un e-mail le lien vers un article du site Rue89*. Le journaliste Augustin Scalbert y racontait que, pendant trente-six heures, les deman-

* Augustin Scalbert, « Bug sur pole-emploi.fr : des infos personnelles accessibles », *Rue89*, 18 novembre 2009.

deurs qui cherchaient à se connecter à leur compte sur le portail de Pôle emploi n'ont pas pu accéder à leurs données, mais ont eu tout le loisir de consulter le dossier d'autres clients. Tout le dossier : adresse, calculs d'allocations et coordonnées bancaires compris. N'importe qui aurait pu modifier les données d'un autre à son profit. Certains des 22 millions de visiteurs mensuels de notre plateforme, à l'exemple de l'internaute cité par Rue89, ont ainsi pu, grâce à une brèche ouverte par « de fortes évolutions du site », comme l'incident fut sobrement justifié par la direction, se balader dans les dossiers de trois ou quatre chômeurs, à chaque fois qu'ils ouvraient une nouvelle fenêtre de leur navigateur !

Au-delà de cet incident, heureusement exceptionnel, Pôle emploi a érigé le n'importe quoi en matière de système d'exploitation informatique. Il suffit de compter le nombre de logiciels que nous devons utiliser pour s'en convaincre. Car, depuis la fusion, chacun travaille encore avec « sa » méthode, et pas question d'adopter les programmes des autres. Les agents de l'indemnisation, ex-Assédic, ont conservé Aladin. Ceux du placement, ex-ANPE, restent attachés à leur bon vieux DUO, et à IOP qui permet de consulter l'état du « portefeuille client » et celui des annonces, tandis qu'avec Nicola nous proposons des offres d'emploi ou radions les absents, et qu'Alice, notre Intranet, nous tient au courant des mises à jour de la maison.

Alors pour concilier les deux écoles, la direction nous a envoyé Aude, acronyme d'« Application unique demandeur d'emploi ». Attention, Aude ne remplace cependant pas les autres applications, elle s'y ajoute. Plus on est de fous, plus on rit, c'est bien connu. Pour l'heure, pas question que les uns aient accès au logiciel des autres. Fusionner, d'accord, mais pas trop.

Un agent placement ne peut se connecter sur le bureau d'un agent indemnisation (ni le réseau ni le serveur ne sont compatibles). Dans un communiqué, une collègue de la CFDT expliquait que, « sur un site ex-ANPE, le directeur, s'il est ex-Assédic, travaille comme invité, et tout disparaît s'il ferme sa session informatique, à moins de sauvegarder sur une clé USB qu'il devra trimbaler ». Pratique.

Dans l'urgence, la direction générale a décidé de tenter une refonte des systèmes avec Neptune, le programme commun des personnels fusionnés, présenté comme le « bureau unique » du conseiller. Fin 2009, soit un an après la fusion officielle, quelques sites ont été désignés comme « agences pilotes » pour le test. Plutôt un « crash test », en l'occurrence. Car les prouesses techniques de ce nouvel environnement informatique ne se comptent plus : impressions souvent illisibles, applications qui ne s'ouvrent plus, dossiers entiers qui disparaissent, e-mails archivés inaccessibles. Nous passerons sur les publicités intempestives qui surgissent désormais sur messagerie électronique : « Message de Monique. "Si tu aimes les montres de luxe et les sacs de grandes marques, il n'y a qu'un endroit." »

Dans une agence, le système entier a buggé. La maintenance informatique dépêchée sur place et censée remédier au problème en un après-midi est repartie trois jours plus tard en jetant l'éponge et en laissant le numéro de la hot line (qui sonne dans le vide).

Où le ridicule informatique ne tue pas

Sur le moment nous n'avons rien remarqué. Il a fallu que nous prononcions à haute voix le nouveau nom de notre serveur informatique, et devant témoins, pour nous rendre compte du ridicule accompli de la situation. Car les informaticiens de Pôle emploi ont récemment procédé à quelques ajustements plus ou moins heureux sur les outils à notre disposition.

Auparavant, dans les agences, chaque conseiller retrouvait ses données sur un disque virtuel appelé G, et les données de son agence (notes internes, formulaires, chiffres d'activités) sur un disque baptisé K. Depuis la mise en place de Neptune, le serveur commun de chaque site a été rebaptisé Q. Excellente idée. Un collègue d'une agence en plein test de ce nouveau système m'a rapporté des dialogues totalement improbables entre des conseillers :

« Dis donc, je suis avec un demandeur et je cherche le formulaire pour la prestation "cible emploi".

– T'as regardé dans ton Q ?

– Évidemment, j'ai commencé par là, mais y a rien. D'ailleurs y a un de ces bordels dans le Q, y a des trucs qui n'ont rien à y faire.

– C'est forcément dans ton Q… »

Dans l'agence, les clients se jettent des regards inquiets. Le demandeur à l'origine de l'échange essuie péniblement ses mains moites sur son pantalon en regardant ailleurs, par-delà les panneaux mobiles en plastique. Rions un peu avec l'alphabet.

Où la sensibilité des demandeurs est ménagée (parfois)

Nous recevons des consignes amusantes, à Pôle emploi. L'une concerne les réclamations. Évidemment, nous en enregistrons chaque jour. Au carrefour des dysfonctionnements, rien d'étonnant. J'ai en mémoire cette lettre assez drôle reçue d'un demandeur égaré. Schéma classique : il ne peut se rendre à son entretien et suit à la lettre les instructions prévues par la convocation. Il appelle le 39 49. À l'autre bout de fil, l'agent lui suggère de rédiger un courrier pour signaler son absence en détaillant le motif. Sa lettre était ainsi conclue : « Sur la convocation, on me dit d'appeler. Quand j'appelle on me demande d'écrire. Là j'écris. Vous allez me répondre quoi ? D'envoyer un fax ? »

Mais certaines plaintes reçoivent un traitement particulier. Nous sommes priés dans ce cas d'observer le comportement réservé au « traitement des sollicitations sensibles ». Car une note interne définit très précisément la « sollicitation sensible ». Elle émane par exemple « d'une personnalité régionale ou locale majeure dans le paysage politique, économique ou social, d'une personnalité médiatique, un relais d'opinion, un journaliste, d'un (ou groupe de) représentant(s) de clients, ou un groupe d'influence… », et elle concerne notamment « le résultat d'activité de Pôle emploi et les statistiques du marché du travail, ou tout autre thème mis en avant par l'actualité et susceptible de médiatisation ». En d'autres termes, il s'agit de prévenir le ban et l'arrière-ban qu'un mécontent a les moyens de rendre public son mécontentement. Et de régler le problème en douceur. Pour ne pas dire en douce.

Où les conseillers sont dépossédés de leurs compétences

Évidemment, passer devant un site Pôle emploi bourré à craquer où la file d'attente rappelle les grandes heures de l'Europe de l'Est, ça donne une image modérément flatteuse de la gestion de crise. Pour colmater la pénurie de personnel, la direction a mis au point un tour de passe-passe assez habile : Pôle emploi a débloqué plus de 111 millions d'euros pour confier à des entreprises d'intérim la gestion de 350 000 demandeurs d'emploi. Par ici la sortie, cachez ces chômeurs que l'on ne saurait voir…

Sur le papier, ça pouvait avoir l'air d'une bonne idée. Désengorger les sites en aiguillant les chômeurs vers des prestataires de service. Dans la réalité, non seulement nos portefeuilles restent ingérables, mais nous voilà privés d'une grande partie de notre champ d'action. À nous les basses besognes, la gestion comptable, les chiffres et les affaires courantes. Au privé la recherche d'emploi, les ateliers et la reconnaissance des chômeurs qui retrouvent le chemin du boulot.

Comment, sincèrement, notre direction compte-t-elle maintenir ses troupes hors du marasme si elle mutile la partie la plus intéressante de leur job ? Depuis un an, je n'anime plus aucun atelier de recherche d'emploi. Jusqu'à récemment, je proposais des ateliers sur la création de CV, la prospection, la rédaction d'une lettre de motivation, ou la conception d'un projet. Aujourd'hui c'est un prestataire privé qui a pris le relais. Pourtant, j'ai beaucoup appris de ces échanges… Je me rappelle cette conversation entre deux clients, un quinquagénaire qui se plaignait qu'on le trouve « trop vieux » et un jeune qui s'étranglait de surprise et lançait : « Et bien moi, je suis trop jeune, paraît-il ! » Nous avions eu ensemble une longue discussion sur ce que l'âge représente dans l'imaginaire d'un chef d'entreprise.

Maintenant je ne suis plus dans le « comment », le « Comment vous y prenez-vous ? », « Comment puis-je vous aider ? », mais dans le « combien », « Combien de CV avez-vous envoyés ? », et le « pourquoi »,

« Pourquoi n'avez-vous pas répondu à ma convocation ? ». Auparavant, j'aidais. Désormais je contrôle.

Où la rentabilité prime sur le bon sens

Certes, je pourrais serrer les dents et penser que ce qui est bon pour le demandeur vaut bien que je me prive de ce qui me plaisait auparavant. Las ! Pour avoir vu fonctionner les prestataires, je ne peux pas dire qu'ils soient bouleversants d'efficacité humaine. Leur logique est avant tout comptable.

Bien sûr, il est tout à fait normal qu'un prestataire touche de l'argent, le contraire serait étonnant. Aucun opérateur privé de placement (OPP) n'est mû par la philanthropie. Personne, d'ailleurs, ne le leur demande. Les agences d'intérim, donc, empochent autour de 2 000 € pour chaque chômeur pris en charge, puis la même somme dès qu'un contrat supérieur ou égal à six mois est signé par l'intérimaire. Jusque-là, rien de scandaleux. En revanche, si le slogan des OPP se résume à un simple « Prends l'oseille et tire-toi », les chômeurs vont morfler. Et c'est déjà le cas. Une quadragénaire rigolote que je suivais, par exemple. Notre prestataire de services lui a présenté une offre de contrat d'un an pour un travail qui l'ennuyait profondément, alors que j'aurais pu lui trouver un CDD de trois mois pile dans son domaine de compétences et ses envies. L'opérateur privé aussi aurait pu lui dénicher ce type de job… oui, mais avec un CDD de trois mois, pas question d'encaisser la deuxième partie de la rétribution. Alors on brade aussi les désirs des clients.

Non seulement les OPP traitent parfois de façon cavalière les ambitions de nos usagers, mais un rapport a montré qu'en termes de propositions de contrats ils ne se distinguaient pas du parcours classique ! « L'accompagnement des OPP ne se différencie pas significativement du suivi “classique” de l'ANPE sous cet aspect : les demandeurs d'emploi suivis par les OPP ne déclarent pas s'être vu proposer davantage d'offres d'emploi pendant l'accompagnement que leurs homologues en parcours “classique”. » Certes, le rapport nuance en précisant que « les demandeurs d'emploi suivis par les OPP ont davantage bénéficié d'actions d'appui méthodologique à la recherche d'emploi : aide au ciblage des entreprises, aide à la préparation aux entretiens d'embauche »… mais, enfin, tout ça pour ça !

L'expérience lancée par l'ANPE en 2006, baptisée « Cap vers l'entreprise » (CVE) et qui avait consisté à donner à des agents du placement, volontaires, des moyens d'encadrer des demandeurs, a bien mieux porté ses fruits. Le même rapport note que « les demandeurs d'emploi suivis par les équipes CVE ont eu des propositions d'offres d'emploi plus nombreuses et en meilleure adéquation avec leurs attentes qu'en parcours "classique". Plus de 80 % des demandeurs d'emploi suivis par les équipes CVE déclarent ainsi que leur conseiller leur a proposé des offres d'emploi contre environ 70 % pour leurs homologues en parcours "classique"* ».

* « Les expérimentations d'accompagnement renforcé des demandeurs d'emploi conduites par l'Unédic et l'ANPE en 2007 », rapport de synthèse du Comité de pilotage de l'évaluation, 5 octobre 2009.

6

LES AGENTS FONT DE LA RÉSISTANCE

Où il n'est pas question de courber l'échine

Le chômeur coupable et fainéant, c'est un mythe vulgaire que nous, agents, refusons de colporter. De même, le fonctionnaire borné, bête et discipliné qui nourrit les fantasmes des amateurs de poujadisme démagogique reste une anomalie, à défaut d'être d'une légende urbaine. Il est assez fréquent qu'entre collègues nous discutions des difficultés que nous rencontrons, et de celles qui guettent nos demandeurs d'emploi. Je n'ai jamais vu, en sept ans et quatre agences, de comportements méprisants. J'ai davantage croisé des conseillers qui, au contraire, se faufilent entre les mailles des filets administratifs pour aider les chômeurs et slaloment entre les règlements pour ne jamais sortir du champ légal.

Certes, dans ma première agence en région parisienne, je me souviens de Virginie, une jeune recrue dynamique et plutôt stricte. Le genre à rire quand elle se brûlait, et encore, jamais pendant les heures de bureau. Elle se montrait intraitable, suivait à la lettre les consignes, ordres, circulaires, pouvait réciter lois amendements et jurisprudences Vouée corps et âme à son employeur plutôt qu'à sa fonction, elle incarnait la rigidité technocratique encore plus que la rigueur administrative. Et puis un jour son père a perdu son emploi. Cinquante-trois ans, licencié économique d'un gros groupe industriel, métier en pleine reconversion, bassin d'emplois sinistré, la pire des configurations. À distance, Virginie a essayé d'aider son papa, malmené par des services brejnéviens et des consignes kafkaïennes. Nous l'avons vue changer en une semaine. « Ce n'est pas possible de traiter les gens comme ça, je ne supporte pas qu'on fasse ça à mon père, c'est dégueulasse », a-t-elle lâché, les dents serrées, un jour pendant le déjeuner. Un silence gêné s'est installé autour de la table et une autre jeune collègue a fini par lui dire : « Tu es comme ça, toi. Les demandeurs que tu reçois repartent avec le moral dans les chaussettes. » Virginie a boudé deux jours. Puis elle a commencé à aider les chômeurs plutôt qu'à les fliquer, à les questionner plutôt qu'à les interroger. Elle a appris, aussi, à jouer avec les règles, et même à les déjouer.

Où on laisse les corbeaux croasser dans leur coin

Chaque matin, entre conseillers indociles, nous nous retrouvons au « pôle appui », le service administratif de l'agence. Une seule mission, urgente : isoler les lettres de dénonciation arrivées par courrier. Toutes relèvent de la même pulsion nauséabonde. L'immense majorité d'entre elles sont anonymes, et affichent de grosses lettres capitales. Et chacune dit peu ou prou la même chose que la précédente : « Je viens porter à votre connaissance le cas de M. Jérôme Choublard, inscrit chez vous et qui travaille au noir chez M. Tartempion depuis un mois. » Quand j'ai eu pour la première fois une missive de ce type entre les mains, au-delà du dégoût que m'inspire ce genre de pratique, j'ai eu peur que mes collègues ne trouvent normal de transmettre les dénonciations à notre direction. Pendant un temps, j'ai liquidé en douce les courriers anonymes. Bien plus tard je m'en suis ouvert à un camarade de bureau devenu un ami qui m'a immédiatement rassuré : « Nous sommes conseillers pour l'emploi, pas flics. » Et, de fait, aucun de nous ne tient à devenir un supplétif de la police. Dans chaque agence, une poignée de collègues veillent, grâce auxquels toutes ces lettres terminent dans la corbeille à papier, sans autre forme de procès.

Où les radiations s'évanouissent dans la nature

Au cours de mes années à l'ANPE puis à Pôle emploi, j'ai appris aussi à entendre les chômeurs, à me montrer plus accommodant avec eux et les excuses qu'ils fournissent en cas d'absence à un rendez-vous. Car, au fond, quelle légitimité avons-nous ? Qui suis-je pour dire à un client : « Je vous ordonne de venir tel jour à telle heure sous peine de ne plus vous verser vos indemnités » ? Ainsi, lorsqu'une personne se présente à l'accueil avec un avis de radiation, tout d'abord je l'écoute. Certains diront simplement : « J'ai oublié », « Je croyais que c'était la semaine prochaine » et même « J'ai totalement zappé ». Un matin, un collègue a vu débouler un jeune, caricature de banlieusard à casquette, qui tenait son avis à la main et lui a simplement déclaré : « Écoutez, je sais que c'est léger, je ne peux fournir aucun justificatif pour mon absence, mais je suis de bonne foi. » Ce conseiller, après avoir vérifié sur le serveur que l'historique de son dossier n'était pas qu'une longue liste d'avis de radiation et de casseroles diverses, a estimé qu'il ne méritait pas une sanction. Il a alors saisi séance tenante un entretien, comme si le demandeur d'emploi s'était présenté au rendez-vous.

Dans d'autres cas, il est techniquement possible de procéder à une « déconvocation ». Ce néologisme désigne l'opération qui consiste à supprimer le nom d'un chômeur sur la liste des personnes à qui l'on a prescrit un atelier ou une prestation obligatoire. Quand un jeune cadre dynamique en reconversion appelle en disant : « Je suis convoqué pour créer mon espace emploi sur le site Internet www.pole-emploi.fr, mais Internet ne fonctionne plus chez moi, l'agence est à trente kilomètres de mon domicile et je n'ai qu'un scooter », on efface tout bonnement son rendez-vous. Il n'a jamais été prévu. Quel rendez-vous, d'ailleurs ? Ces manipulations ont l'avantage d'annuler immédiatement les éventuelles procédures de radiation sans qu'il soit nécessaire d'effectuer de démarches administratives, ni de demander l'avis du directeur de site qui préférera parfois faire du chiffre et voir miraculeusement baisser les statistiques.

Où le bonheur est simple comme un coup de fil

Le demandeur se tortille sur sa chaise. Ailleurs, l'air agacé, il ne m'écoute pas et répond à mes questions par une syllabe, deux si j'ai de la chance. Je cesse de taper sur mon clavier et lui demande ce qui ne va pas.

« Je ne comprends pas pourquoi vous, Pôle emploi, vous ne voulez pas appeler mon employeur. Là, vous allez me chercher un boulot, mais moi j'ai besoin de vivre en attendant et vos collègues de l'indemnisation ne peuvent pas calculer mes droits parce qu'il me manque mon attestation Assédic. J'ai travaillé dix ans pour eux, pendant dix ans on m'a prélevé des sous au cas où je serais au chômage. Eh bien voilà, j'y suis ! Qu'est-ce que c'est que cette histoire d'attestation ? Vous encaissez chaque mois mon argent et vous n'êtes pas foutu d'en retrouver la trace ? Pour vous le prouver il vous faut un papier de l'employeur, c'est un comble ! Mais moi j'ai de très mauvaises relations avec mon ancien employeur, il va mettre des mois avant de me donner ce bout de papier… »

Il a raison : aucune donnée informatique ne nous permet de calculer les droits d'un chômeur sans recourir au service comptable de l'entreprise dont il sort. Mon client poursuit :

« Votre collègue de l'indemnisation me dit d'attendre et de saisir les prud'hommes si ça ne bouge pas. Mais je paie mon loyer comment, en attendant ? »

Miraculeusement j'ai un peu de temps devant moi. Je demande les coordonnées de l'employeur, appelle en me présentant comme agent de Pôle emploi. L'attestation a été envoyée le lendemain. À partir de ce jour-là, j'ai souvent utilisé cette technique, et je tente de la populariser en agence, même si elle se révèle chronophage… et pourtant, les collègues de l'indemnisation m'ont confirmé l'existence d'un courrier type qu'ils peuvent adresser à une entreprise dans ce genre de situation. Il est rarement utilisé.

Où les portefeuilles hibernent

Certains chômeurs ne peuvent pas trouver de boulot, ou n'ont aucun intérêt à en chercher. Une femme récemment enceinte, par exemple, dont le congé maternité approche, ne gagne rien à intégrer une nouvelle équipe et à tenter de se faire une place dans une entreprise si elle doit s'arrêter trois mois plus tard… à supposer qu'un employeur veuille bien d'elle

« dans son état ». Et quel bénéfice pour un chômeur de 58 ans, aux portes du dispositif de « dispense de recherche », à frapper à de nouvelles portes ?

Plutôt que de les radier, nous les gardons bien au chaud en hibernation dans nos dossiers. On parle de « portefeuille dormant », puisque ces clients, bien qu'existants, ne seront pas sollicités ni contrôlés. Concrètement, chaque mois, en attendant la date fatidique, à partir de laquelle ils sont exemptés de prospection laborieuse, on saisit un entretien fictif qui leur permet de conserver leurs allocations. De leur côté, au moment de leur actualisation mensuelle de situation, ces demandeurs déclarent systématiquement « être à la recherche d'un emploi ». C'est d'ailleurs le conseil que nous prodiguons à tous : « Quelle que soit le cas de figure, il ne faut jamais, au grand jamais, laisser supposer que vous ne cherchez pas de travail. Peu importe que vous n'en cherchiez pas vraiment. » Ce conseil s'applique aussi en cas de CDD ou de période d'essai. Quand le contrat arrive à son terme, ou si l'essai se révèle peu concluant, le demandeur n'a ainsi pas besoin de se réinscrire ni d'attendre un délai de carence avant de percevoir ses indemnités. Ne réveillons pas un portefeuille qui dort.

Où l'on regarde ailleurs

La lampe à UV s'est invitée dans nos bureaux malgré notre refus catégorique de l'utiliser. Relancés par des circulaires régionales sans équivoque, les directeurs d'agences locales doivent veiller à leur utilisation scrupuleuse. En Île-de-France, une note les engageait dès début janvier 2010 à se montrer très fermes au sujet des faux documents et à utiliser systématiquement les instruments de contrôle. Sur notre site, la directrice passe sporadiquement entre les bureaux et ramasse elle-même les pièces d'identité des demandeurs pour les passer sous la lumière bleue.

Inquiets après avoir appris qu'à Orléans un travailleur sans-papiers mauritanien avait été attiré dans un traquenard tendu par le responsable de l'agence*, nous sommes allés voir notre supérieure pour lui poser franchement la question. Serait-elle capable d'agir comme son homologue orléanais qui avait convoqué le demandeur d'asile pour « actualiser son profil professionnel » et l'avait accueilli en compagnie de la police des frontières ? « Pas question, a-t-elle répondu.

* Mourad Guichard, « À Orléans, du Pôle emploi au centre de rétention », *Libération,* 25 août 2009.

Si cela devait se produire, si je m'apercevais qu'une pièce est douteuse ou carrément fausse, je préviendrais le sans-papiers et lui dirais de partir et de se faire tout petit. Je m'y engage devant vous. »

Où l'on résiste concrètement

Évidemment ce n'est pas grand-chose, mais j'y tiens. Je reçois mes clients trente minutes et pas vingt comme cela nous est instamment demandé. Aucun texte légal ne m'en empêche. Je refuse le travail à la chaîne, pour eux comme pour moi. Pas question d'imiter cette collègue qui a installé sur son bureau un minuteur de cuisine en forme de cochon, lequel émet un entêtant tic-tac pendant toute la durée de l'entretien avant de diffuser une sonnerie stridente au bout d'un quart d'heure pour signifier au client qu'il est cuit.

Certains de mes camarades de bureau se sont concrètement engagés dans l'aide aux chômeurs. À force de les côtoyer, ils ont recensé les interrogations les plus fréquentes et les soucis administratifs récurrents. En dehors de leurs heures de boulot, ils ont rédigé des « lettres types » de recours pour chaque situation litigieuse et les fournissent spontanément aux demandeurs en difficulté. D'autres orientent nos clients vers les associations de défense des chômeurs ou les syndicats. Mais la palme revient à ce collègue timide et consciencieux. Paul, véritable puits de science juridique, m'a un jour confié traîner sur les forums de demandeurs d'emploi et participer aux discussions pour renseigner et aiguiller nos clients perdus dans la jungle du chômage.

Un jour, je discutais avec une demandeuse radiée parce qu'elle n'avait pas eu le temps de décrocher lors d'une convocation téléphonique pour son suivi mensuel.

« J'étais au premier étage, je n'ai pas entendu tout de suite et quand j'ai pris l'appel c'était trop tard. Je ne vais quand même pas me casser une jambe dans l'escalier pour retrouver un emploi ! »

Paul entend cette conversation (la confidentialité des entretiens entre deux panneaux de plastique est très relative), passe la tête de mon côté de la cloison et s'invite dans la discussion.

« Vous avez raison, ce n'est pas un motif valable, dit-il en tendant un morceau de papier à la jeune femme. L'absence injustifiée à une convocation physique à un entretien est le seul motif valable de radiation. Toutes les références sont en ligne sur le site dont je vous ai noté l'adresse et vous avez même une lettre type de contestation. »

La demandeuse part. Paul me regarde et me glisse à l'oreille :

« C'est moi qui ai rédigé l'argumentaire. Et la lettre type. J'adore aller sur ce forum, j'ai l'impression d'être utile. »

7

PETIT LEXIQUE À L'USAGE DU DEMANDEUR ÉGARÉ

Au-delà de ses significations premières, le vocabulaire utilisé au sein de Pôle emploi livre un éclairage intéressant sur ses ambitions.

Nous avons vu apparaître, au fur et à mesure que la structure prenait forme, un jargon plus proche de celui des entreprises privées que du service public. Le terme « client » s'est développé au détriment d'« usager » ; on parle désormais de « part de marché » pour désigner le nombre d'offres gérées par Pôle emploi ; on vante la « plus-value » pour le demandeur ou l'employeur, et l'on use et abuse des termes anglo-ésotériques ou libéralo-occultes tels que « back office », « front office », « zone technique », « process », « référentiel qualité », « engagement client ».

Enfin, la trame médicale continue de guider les entretiens, du diagnostic de situation à la prescription de prestations.

Où les abréviations méritent une traduction

Utilisés principalement en interne, nous laissons parfois échapper devant les demandeurs de mystérieux acronymes ou sigles qui méritent une traduction. Petit bréviaire.

DE Le demandeur d'emploi. On ne parle jamais de demandeur d'emploi en agence mais de DE. On reconnaît l'agent qui témoigne d'un peu d'ancienneté à sa relative incapacité à utiliser un autre terme que DE, y compris devant le DE lui-même.
Le DE offre ses compétences. Il offre ses diplômes. Il offre sa force de travail. Il offre son temps… mais c'est lui que l'on qualifie de « demandeur ». Inversement, l'offre de travail est en fait une demande de compétence, d'expérience, de force de travail et de temps. Le choix des termes n'est pas innocent.

IDE Identification demandeur d'emploi. C'est l'identifiant (six ou sept chiffres plus une lettre). « Rappelez-moi votre IDE ? » peut signifier « Depuis quand êtes-vous inscrit ? » ou « Quel est votre numéro d'identifiant ? ».

SMP Le suivi mensuel personnalisé, qui n'est pas forcément mensuel, faute de temps, ni forcément personnalisé puisque certains conseillers débordés en viennent à convoquer plusieurs DE en même temps.

ORE L'offre raisonnable d'emploi ; mesure qui vise à faire accepter n'importe quoi à n'importe quel prix à un DE qui n'aura pas le choix.

PAE Projet d'accès à l'emploi. Lorsque l'on parle d'« entretien PAE », il s'agit simplement du suivi mensuel. « Rentrer un PAE » signifie saisir un entretien dans un dossier, entretien qui témoigne de la venue du DE à la convocation. Les PAE sont assortis de chiffres. À partir de trois mois d'inscription, le DE est soumis au suivi mensuel : on notera un PAE 01, puis le PAE 02 le mois suivant, et ainsi de suite. Une numérotation idéale pour identifier nos chômeurs longue durée. Phrase couramment entendue : « Ouh ! lala, je reçois un PAE 27 aujourd'hui ! »

GL Gestion de liste. Les lettres que nous envoyons aux DE sont appelées GL. Elles se déclinent elles aussi en plusieurs versions, de GL1 (convocation) à GL9 (abandon de procédure) en passant par les GL2 (avertissement avant radiation), GL3 (décision de radiation) ou GL7 (décision de radiation suite à suppression du revenu de remplacement).

MER Mise en relation. L'opération que nous qualifions entre nous de « faites des MER » est la mission qui consiste à proposer une offre d'emploi à un demandeur. Le temps écoulé entre les différentes MER apparaît sur le dossier du client. Il fait l'objet d'une attention toute particulière de la part des responsables de site qui jugent ainsi de l'efficacité de l'agent du placement.

DALE Directeur de l'agence locale pour l'emploi. C'est auprès de lui que se déposent la plupart des recours.

IOP Infocentre opérationnel. Logiciel utilisé par le conseiller pour suivre son portefeuille et ses offres d'emploi à traiter. Sur l'écran, des lignes avec des noms. À chaque ligne, divisée en plusieurs colonnes, correspond un client. On y trouve toutes les informations sur le DE. Son parcours, la date à laquelle il doit être convoqué, si une GL2 est en cours, et depuis combien de temps aucune MER ne lui a été proposée. Les directeurs prononcent « I-O-P », les agents disent plutôt « Yop », comme le yaourt liquide. Celui qui s'énerve sur sa trop longue liste de chômeurs est prié par ses petits camarades de « ne pas cracher dans son Iop », comme dans la pub.

ARE Aide au retour à l'emploi. En clair, il s'agit des indemnisations que perçoivent les DE. Nous sommes amenés à demander à notre client s'il est « en ARE », combien il touche d'« ARE par jour », ou à le prévenir que « ses ARE s'arrêtent à la fin du mois ».

ASS Allocation spécifique de solidarité. Suite logique de l'ARE. Quand le droit aux ARE arrive à son terme, le DE peut recevoir un minima social d'environ 15 € par jour à condition d'avoir travaillé plus de cinq ans.

AT Allocation transitoire. Allocation accordée à un DE sortant de prison ou qui réclame l'asile politique.

Où l'on maquille de politesse des termes peu engageants

Pôle emploi manie l'euphémisme avec brio. Et le vocabulaire employé, empreint de politiquement correct, est soigneusement calculé pour mieux faire passer la pilule du mépris ou de l'impuissance.

Désinscrire

Radier. Les agents du placement s'autosurnomment « radiateurs ».

Liquider (un dossier)

Clore un dossier. Terme de l'indemnisation. C'est le traitement complet d'un dossier d'inscription (saisie des fiches de salaire, des montants, et des périodes, calcul des droits en montant et en durée). Avec la multiplication des emplois précaires et donc des contrats et fiches de paie, les liquidations sont de plus en plus fastidieuses. Certains agents de l'indemnisation s'autosurnomment « liquidateurs ».

Indu

Somme à rembourser aux Assédic. Les Assédic se trompent, le client confiant encaisse l'argent, et doit ensuite le rendre.

VE

Visite entreprise. Consiste à entrer dans un café, à discuter cinq minutes avec le patron et... à repartir. Dans l'intervalle, on lui aura demandé s'il recrutait. Fonctionne aussi avec d'autres commerces.

Dépôt d'offre

Opération par laquelle un employeur signifie son souhait de recruter. C'est à partir de celle-ci qu'on va pouvoir exercer l'ORE. Plus qu'un dépôt, c'est un lancé : le client peut l'attraper au vol ou la recevoir en pleine figure.

Lampe UV

Ne sert pas à bronzer mais à contrôler des papiers.

« Je vais vous faire bénéficier d'un atelier »

Peut se traduire par « Je vous envoie pendant un certain temps dans une entreprise privée payée par vos impôts, et dans laquelle vous apprendrez peut-être à refaire votre CV ou à préparer un entretien, et comme ça vous ne viendrez plus en agence ».

« Je vais vous aiguiller vers un prestataire »

Même traduction que pour l'atelier, mais cela peut durer six mois.

« Je vous propose d'effectuer un stage »

Signifie « Je vous envoie travailler gratuitement ailleurs, ce qui aura l'avantage de vous faire disparaître des statistiques du chômage ».

Métier en tension

Secteur où les offres d'emploi sont plus nombreuses que les candidatures. L'hôtellerie est un secteur constamment en tension, ou presque. Réflexion d'un patron de bar, entendue dans mon agence : « Je n'arrive même pas à trouver une serveuse ! Ils sont où, vos trois millions de chômeurs ? »

Parcouriser

Néologisme *made in* Pôle emploi qui témoigne de la bravitude du langage interne. Parcouriser un DE consiste à le placer dans une des quatre grandes cases à notre disposition : APP (appui), ACC (accompagnement), ENT (créateur d'entreprise), MVE (mobilisation vers l'emploi). En fonction du parcours choisi, le conseiller met en place différents outils à sa disposition. Un client qui veut monter sa boîte atterrit dans la case ENT. Il sort ainsi du suivi mensuel et ne reçoit plus de convocation aux entretiens. Un chômeur que j'envoie dans un organisme extérieur ira dans la catégorie ACC. Celui qui cumule les difficultés (pas de diplôme, peu d'expérience) sera classé MVE. Un demandeur classique est mis en parcours APP, c'est le cas de 80 % de nos clients. À mes débuts on expliquait que la parcourisation servait à évaluer la distance qui sépare le demandeur du retour à l'emploi. Aujourd'hui, on parle plus des services ou prestations à proposer en fonction des situations.

Posture du conseiller

Synonyme d'« indifférence ». Les managers et formateurs nous recommandent fortement d'éviter toute forme de sentiment ou d'empathie. De l'efficacité, pas d'émotion.

Prestataire

Un mot poli pour dire « concurrent ». Ce sont eux qui récupèrent la gestion de nos demandeurs. On parle aussi d'OPP, opérateurs privés de placement.

Catégories de demandeur d'emploi

Au nombre de cinq (A, B, C, D et E) elles classent les chômeurs en fonction de leur activité. Voilà ce que dit notre Intranet :

« *Catégorie A* : Demandeurs d'emploi inscrits à Pôle emploi, tenus de faire des actes positifs de recherche d'emploi, qui n'ont pas du tout déclaré d'heure de travail durant le mois en cours.

« *Catégorie B* : Demandeurs d'emploi inscrits à Pôle emploi, tenus de faire des actes positifs de recherche d'emploi, ayant exercé une activité réduite courte (soixante-dix-huit heures ou moins au cours du mois).

« *Catégorie C* : Demandeurs d'emploi inscrits à Pôle emploi, tenus de faire des actes positifs de recherche d'emploi, ayant exercé une activité réduite longue (de plus de soixante-dix-huit heures au cours du mois).

« *Catégorie D* : Demandeurs d'emploi inscrits à Pôle emploi, non tenus de faire des actes positifs de recherche d'emploi pour diverses raisons (stage, formation, maladie, etc.), sans emploi.

« *Catégorie E* : Demandeurs d'emploi inscrits à Pôle emploi, non tenus de faire des actes positifs de recherche d'emploi en emploi (par exemple : bénéficiaires de contrats aidés). »

Marché caché

Catégorie d'offres qui ne passe pas par le circuit Pôle emploi. Nous ne traitons qu'une infime partie du champ des possibles. Rien n'oblige un employeur à passer par nous. Beaucoup comptent sur leurs réseaux et le bouche-à-oreille. Ainsi, dans certains secteurs, Pôle emploi propose à peine 2 % des offres d'emplois. La majorité se trouve sur le marché dit « caché », ou est diffusée sur d'autres supports du marché ouvert (presse spécialisée, agences d'intérim). Bien des chômeurs le savent et n'attendent rien de nous.

Actualisation

Synonyme de « contrôle ». Chaque fin de mois, le demandeur est prié de détailler son activité récente. Le questionnaire se conclut ainsi : « Êtes-vous toujours à la recherche d'un emploi ? » Un « non » entraîne une radiation immédiate et systématique. Il est bien plus prudent de continuer à répondre « oui » en cas de CDD ou pendant une période d'essai. Ainsi le demandeur n'aura pas à reprendre toutes les démarches à zéro et ne souffrira d'aucun délai de carence à la fin de son contrat.

Indisponibilité

Droit de circuler librement. Il arrive, à l'approche des fêtes de fin d'année ou des grandes vacances, qu'un conseiller demande à un chômeur s'il compte s'absenter. Il n'y a là aucun piège : cette question sert à saisir des dates d'entretien et à éviter que l'agent ne convoque le DE lors de ses congés. Un demandeur d'emploi peut se déclarer indisponible sans que cela nuise à son indemnisation à raison de trente-cinq jours par année civile, et ce sans fournir de justificatif.

Romer

Autre néologisme interne qui consiste à attribuer un code d'identification dans le Répertoire opérationnel des métiers, notre classification professionnelle. On parle de « romage ».

ÉPILOGUE

Je continue. Bien sûr. Lorsqu'on part, on ne liste pas ainsi tout ce qui ne va pas. On tourne les talons et on se tait.

Ce livre, bien plus qu'une litanie de doléances, est d'abord un plaidoyer pour ce métier riche où, si nous sommes souvent bousculés – au propre comme au figuré –, nous ne nous ennuyons jamais. Bien sûr nous râlons, bien sûr nous sommes parfois en colère, et nous avons pour cela des raisons, longuement explicitées au fil de ces pages. Mais, dans notre immense majorité, nous sommes attachés à notre fonction.

À force de rester le nez dans le guidon, nous ne regardons que les dossiers qui entrent et rarement ceux qui sortent. Pourtant, mon boulot, notre boulot, est utile. Il me suffit de passer le matin devant une boutique et de saluer un employé à qui j'ai trouvé un job pour m'en convaincre. Ou de repenser à ma

« première demandeuse », celle qui m'avait dit qu'elle n'attendait rien de moi et qui quelques semaines plus tard m'a envoyé un long e-mail pour me remercier de mes conseils, grâce auxquels elle affirmait avoir retrouvé un travail. Ou encore à cet Algérien victime d'une discrimination à l'embauche, pour qui nous avons saisi la HALDE et qui a obtenu réparation. Des messages de remerciements, nous en recevons chaque semaine. De nos ex-chômeurs, bien sûr, mais aussi des entreprises à qui nous les avons envoyés.

En sept ans à Pôle emploi, j'ai aidé au recrutement de personnes exerçant tous les métiers du monde. J'ai vu défiler devant mon bureau un inventaire à la Prévert pour moi tout seul, les ratons laveurs en moins : des Pères Noël, des pilotes d'hélicoptère de combat, des jongleurs, un cracheur de feu, des cascadeurs motorisés, un guide touristique parlant le javanais, des ouvriers métallurgistes, des secrétaires de direction, des vendangeurs, des dessinateurs de BD, un archéologue.

J'ai rencontré des demandeurs d'emploi sachant piloter à peu près tout ce qui existe : des engins sur roues, sur chenilles, sur flotteurs, des qui volent, du chariot élévateur à la grue en passant par la montgolfière.

J'ai envoyé des clients dans des lieux parfois improbables, sur des plateformes pétrolières, dans des mines, des laboratoires de haute sécurité, des chambres froides, des prisons, des hôpitaux… J'ai côtoyé mille vies et mille fonctions.

J'ai vu des chômeurs de milieux complètement différents lier connaissance autour des postes de recherche et qui, à force de patienter ensemble dans la même salle de pause, ont fini par devenir amis. Nous n'échappons d'ailleurs pas à la règle.

Chacun d'entre nous a noué des relations amicales avec au moins un client. Comme cette maman en situation difficile que j'ai longtemps suivie et avec qui j'échange régulièrement des e-mails, cet ex-demandeur devenu directeur des ressources humaines et qui passe désormais par nos services pour ses embauches, ou encore tous ces anciens chômeurs qui ont créé leur entreprise et qui font appel à nous pour recruter l'un dans son restaurant, l'autre dans son salon de coiffure…

J'aime l'idée de préserver un maillon du lien social, y compris quand il se délite. Je ne mentirai pas, je suis devenu conseiller à Pôle emploi parce que je devais bosser, pas par choix. La vocation est venue plus tard. Elle est restée. Et je reste avec elle.

REMERCIEMENTS

Merci, d'abord, aux très nombreux agents de Pôle emploi qui ont permis, par ricochets de témoignages, que soient ici livrés des morceaux entiers de leur abracadabrantesque quotidien.

Merci à Mireille Paolini, pour l'enthousiasme immédiat qu'elle nous a témoigné.

De très doux remerciements à mes précieuses amies : Stéphane Horel pour son coaching monté sur roulettes et Christina Hadjidakis pour son optimisme contagieux, façon clown, pote Gruss.

Mon affectueuse gratitude aussi à Anna, Fanny, Nicolas, Pascal, Sébastien, Stéphane, John et tous ceux qui, de près ou de loin, m'ont dit « *Avanti !* ». Leurs encouragements, leurs blagues, leurs playlists, leurs diversions, leurs dépannages informatiques ou leurs tuyaux ont compté bien plus qu'ils ne l'imagi nent.

Enfin, merci à BR et LMH, tendres acronymes auxquels je dois tellement.

Aude Rossigneux.

Je souhaite rendre hommage à la médecine du travail qui défend et accompagne chaque jour les salariées, dans nos CHRSCT plus particulièrement.

Merci à mes parents qui m'ont encouragé et qui ont su, très tôt, par leur engagement militant quotidien, appuyer sur le détonateur de la juste indignation.

À Fabrice, qui a lui aussi actionné ce détonateur, pour sa relecture inspirée.

À la colonie de taupes qui a renforcé ma détermination à témoigner.

À ma compagne pour son soutien, ses conseils avisés et sa patience. Merci à toi d'avoir enduré mes insomnies et ces longues heures en compagnie de mon ordinateur.

Gaël Guiselin.

TABLE

Photocomposition
Nord Compo

Cet ouvrage a été imprimé en France
par CPI Bussière
à Saint-Amand-Montrond (Cher)
pour le compte des éditions Calmann-Lévy
31, rue de Fleurus 75006 Paris
en septembre 2010

N° d'édition : 15013/05.
N° d'impression : 102685/1.
Dépôt légal : septembre 2010.